나는 왜 자꾸 짜증이 날까?

나는 왜 자꾸 짜증이 날까?

초판 1쇄 펴냄 2015년 1월 5일
　　　12쇄 펴냄 2024년 8월 12일

지은이 얼 힙
옮긴이 김선희

펴낸이 고영은 박미숙
펴낸곳 뜨인돌출판(주) ㅣ 출판등록 1994.10.11.(제406-251002011000185호)
주소 10881 경기도 파주시 회동길 337-9
홈페이지 www.ddstone.com ㅣ 블로그 blog.naver.com/ddstone1994
페이스북 www.facebook.com/ddstone1994 ㅣ 인스타그램 @ddstone_books
대표전화 02-337-5252 ㅣ 팩스 031-947-5868

ISBN 978-89-5807-553-0 03180

나는 왜 자꾸 짜증이 날까?

얼 힙 지음 | 김선희 옮김

중학생을 위한 스트레스 처방전

뜨인돌

내 절친이 나한테 엄청 화를 냈어.

엄마 잔소리 때문에 미치겠어.

아, 짜증 나.

틱!

틱!

이번 시험 완전 망했어.

애들이 나를 왕따시키면 어쩌지?

할 일이 산더미야. 이걸 언제 다 해?

난 왜 이렇게 못생긴 걸까?

스트레스 때문에 미치겠다고?
너만 그런 게 아니야.

'누구나' 스트레스를 받고 살아.

이틀 안에 중요한 숙제를 끝내야 하고, 시험 준비도 해야 하고, 학원도 가야 해. 근데 이게 끝이 아니야. 짜증 나는 일이 한두 가지가 아니라고.

이렇게 한꺼번에 여러 가지 일이 몰리면 누구나 스트레스를 받아. 산더미 같은 학교 숙제, 삐걱거리는 친구 관계, 느려 터진 인터넷 같은 문제들은 모두 네 머리를 조이는 '고무 밴드'야. 고무 밴드 여러 개가 머리를 꽉 조이면 그게 바로 스트레스가 되는 거지.

스트레스를 받으면 궁지에 몰린 느낌이 들 거야. 주위를 둘러봐도 빠져나갈 구멍이 안 보이고. 이런 상황에서 옳은 결정을 내리기는 쉽지 않아. 해결책을 차분하게 생각할 여유가 없고, 긴장감이나 분노가 불쑥 치밀어 상황을 더 나빠지게 하기도 해.

스트레스는
마음속에 사는 호랑이와 같아.
스트레스를 받는다는 건
호랑이들이 득실대는 정글에 있는 것과 같아.
호랑이는 어딘가에 숨어 너를 노리고 있지.

　상상해 봐. 너 혼자 며칠 동안 정글을 헤매고 다녔어. 기분 나쁜 냄새가
나고 이따금씩 으르렁거리는 섬뜩한 소리에 깜짝 놀라기도 해. 언제 무슨
일이 닥칠지 몰라 가슴이 조마조마하지.
　이런 상황에서 매일 산다고 생각해 봐. 한순간도 긴장을 풀 수 없겠지.
언제 호랑이가 나타날지 몰라서 끊임없이 걱정한다면, 누구나 지치고 마
침내 한계에 이르게 되지. 오랫동안 지나치게 많은 스트레스를 받으면 실
제로 심각한 상황을 맞게 돼. 성적이 떨어지기도 하고 학교에 적응하는 것
도 힘들어져. 내 생각을 표현하는 것도 어려워지고 인간관계에도 문제가
생기지. 스트레스는 감정에도 영향을 미치기 때문에 화가 나고, 슬프고,
세상에 나 혼자인 것 같은 느낌이 들고, 좌절감을 맛보기도 해.

그렇다면 어떻게 해야 할까? 스트레스에게 속수무책으로 당하지 않고 맞서 싸울 수 있는 방법이 있을까? 스트레스 호랑이에게 물리기 전에, 호랑이 다루는 방법을 배운다면? 그럼 호랑이가 나타나도 조금은 의연해지지 않을까? 스트레스의 정체를 알고 제대로 대응하는 법을 배우면, 마음속 호랑이가 불쑥 나타나도 당황하지 않고 잘 대처할 수 있을 거야.

이 책의 목표는 네가 어려운 상황에 당당히 맞서고, 자신감을 갖고, 삶을 즐길 수 있게 돕는 거야.

스트레스를 다루려면 먼저 스트레스가 뭔지 알아야겠지? 1부에서는 스트레스의 정체, 스트레스가 우리에게 어떤 영향을 주는지를 알아볼 거야. 그리고 우리가 어떻게 스트레스에 반응하는지를 살펴볼 거야.

2부에서는 스트레스를 다루는 실제적인 비법을 알려 줄게. 이 비법들을 배우고 활용하면 지금 받는 스트레스를 조절할 수 있고, 앞으로 닥칠 난감한 상황에도 대처할 수 있어.

마지막 3부에서는 스트레스 '응급처치법'을 다룰 거야. 지금 스트레스를 엄청 많이 받는 중이라면, 이 부분을 먼저 읽어도 좋아.

이 책을 읽는다고 하루아침에 스트레스 호랑이 조련사가 될 순 없어. 하지만 나랑 같이 꾸준히 연습하면 크고 사납던 마음속 호랑이들이 점점 작아지고 온순해질 거야. 호랑이를 길들이는 여행이 즐겁기를 바랄게.

행운을 빌며,
얼 힙

1부

스트레스 호랑이,
넌 누구냐?

요즘 사람들만 스트레스를
받는다고 생각할지 모르지만,
사실 수백만 년 전에 살던 원시인들도
스트레스를 받았어.

잘 붙지 않는 불씨, 사나운 날씨, 꿉꿉한 동굴, 식량 부족…. 그중 가장 큰 스트레스는 그들을 잡아먹으려는 맹수들이었을 거야.

예를 들어 볼게. 어느 날 굶주린 호랑이가 날카로운 이빨을 드러내고 원시인들 앞에 나타났어. 살아남으려면 호랑이를 덮치거나 재빨리 도망치는 수밖에 없지. 이런 행동은 상황에 맞게 반응하는 신경계에서 나와. 위험에 민첩한 신경계에 따라 반응한 사람들이 많이 살아남았고 그 결과 지금 우리는 뛰어난 신경계를 갖고 있어. 신경계는 위험을 감지한 순간 싸우거나 도망칠 수 있도록 준비 동작을 하지. 이처럼 위협 앞에서 자동적으로 나타나는 신경계의 준비 동작을 심리학에서는 '투쟁 혹은 도피(싸울까 혹은 도망칠까) 반응'이라고 불러.

우리를 위협하는 스트레스들이야~

우리 동네에서 누가 칼에 찔렸대.
버스 정류장에서 집까지
걸어오는 것도 겁이 나.

전학 온 뒤로 친구를
한 명도 못 만들었어.

남친이 헤어지재.
나쁜 ✕!

휴대폰을 잃어버렸어.
이제 난 엄마한테
죽었다.

부모님이 대판 싸우셨어.
이혼하실지도 몰라.

우리 학교에는
날 자기 샌드백쯤으로
생각하는 놈이 있어.

친구 녀석이
나쁜 길로
빠지고 있어.

다음 주에
엄청 중요한 시험이 있어.
망치면 끝장이야.

난 비만이야.
반 아이들 모두
나를 무시해.

다루기 쉬운 문제도, 다루기 어려운 문제도 있을 거야. 그런데 문제는 걱정스럽거나 위협적인 상황에 직면하거나 그걸 생각하는 것만으로도 우리 몸은 호랑이를 맞닥뜨렸을 때처럼 격렬하게 반응한다는 거야. 문제의 낌새를 느끼자마자 경고등이 켜지고, 우리 몸은 싸우거나 도망칠 수 있도록 즉시 준비에 돌입해.

강도 높은 스트레스를 받으면 몸에 여러 가지 변화가 일어나. 심장박동 수가 빨라지고, 손발이 차가워지고, 얼굴이 붉어지고, 입술이 바짝바짝 타고, 손에 진땀이 나지.

스트레스는 몸뿐만 아니라 뇌에도 영향을 미쳐. 스트레스를 받으면 의사 결정을 담당하는 장치가 가동을 멈추고 스트레스 화학물질이 급격하게 늘어나. 이게 뭘 의미하는지 아니? 스트레스를 받으면 잘못된 의사 결정을 내리거나 상황을 더 나쁘게 만들기 쉽다는 뜻이야. 특히 청소년들은 스트레스를 받을 때 판단을 잘못 내리기 쉬워. 청소년기에는 두뇌가 빨리 발달하고, 사춘기를 거치는 동안 몸과 마음이 큰 변화를 겪기 때문이야.

이제부터 몸이 스트레스를 받을 때 어떤 증상이 나타나는지 구체적으로 살펴보자.

- **심장이 두근거려.** 싸우거나 도망치려면 우리 몸 곳곳에 산소가 빨리 전달돼야 해. 그래서 심장이 더 세게, 빨리 뛰는 거야.

- **손발이 차가워져.** 뇌와 근육에 필요한 피를 공급해 주느라 손발의 모세혈관이 수축되면서 생기는 증상이야.

- **얼굴이 달아올라.** 뇌에 더 많은 피를 공급해 주기 위해 목에 있는 동맥이 팽창해. 그래서 뺨과 귀가 불그스름해지고 뜨거워지는 거야. 그 압력으로 두통이 생길 수도 있어.

- **입이 마르고 배가 땅겨.** 즉각적인 행동을 준비하는 다른 기관이 피를 쓸 수 있도록 소화기관이 잠시 활동을 멈추기 때문에 생기는 현상이야.

- **초조해.** 스트레스를 받으면 아드레날린이라는 화학물질이 분비되는데 양이 많아지면 초조해지고 불안해져.

- **손에 땀이 나.** 싸우거나 도망칠 때 생기는 열기를 예상하고 우리 몸은 '체온 조절 장치'를 작동시켜. 체온을 내리려고 땀이 나지.

- **여드름이 생길 수도 있어.** 심한 스트레스를 받은 청소년 중 23퍼센트가 여드름이 심해졌다는 연구 결과가 있어. 스트레스를 받으면 피지 분비가 많아져서 여드름이 심해져.

짧고 굵은 스트레스와
길고 오래가는 스트레스

'투쟁 혹은 도피 반응'은 우리 몸에서 많은 에너지를 빼앗아 가. 스트레스 호랑이와 싸우거나 도망치려면 온몸을 사용해야 하니까. 다행스럽게도 긴장의 순간은 대부분 오래가지 않아. 스트레스를 받는 위험한 순간이 지나면 몸과 마음은 점차 진정되고 곧 평소 상태로 돌아오지. 이런 스트레스 유형을 '단기 스트레스'라고 불러.

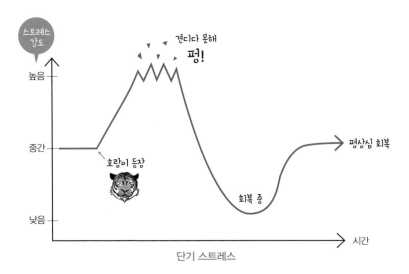

단기 스트레스

17

단기 스트레스는 순식간에 지나가. 그래서 우리한테 별다른 영향을 미치지 않을 수도 있어. 그렇지만 매순간 이렇게 스트레스를 받는다면 어떨까? 내 주변에서 호랑이가 계속 어슬렁거린다면? 늘 긴장 상태라고 생각하면 스트레스를 당연하게 여길 수도 있지만 실제로는 막대한 스트레스 속에서 겨우겨우 사는 거지. 끊임없이 스트레스를 받으면 스트레스가 몸과 마음에 끼치는 악영향에 무뎌지게 돼. 결국 한계에 이를 때까지 스트레스를 쌓아 두다가 걷잡을 수 없는 상황까지 가게 되는 거지. 이게 바로 장기 스트레스야.

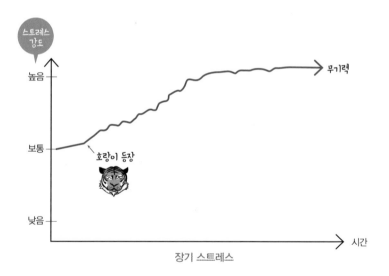

장기 스트레스

장기 스트레스를 받는 사람들은 몸과 마음이
지친 상태에서도 무언가를 잘 해내려고 애를 써.
자신이 마음속 호랑이에게 쫓기고 있다는 것을
알면서도 말이야.

직면한 문제에만 집중하다 보면 자신도 모르는 사이에 에너지, 명쾌한
사고력, 긍정적인 자세, 성취 동기를 점점 잃어버리게 돼. 마치 날이 무딘
도끼로 계속해서 나무를 찍는 것과 비슷해. 결국 아주 쉬운 일도 점점 어
려워질 수밖에 없어.

결국 이 시기가 길어지고 한계 상황에 다다르면 스트레스에 맞서길 포
기하고 현실에서 도피하게 돼. 될 대로 되라는 심정으로 자기 삶을 놓는
거지. 절대로 이런 상황까지 가서는 안 돼. 그러려면 스트레스를 제대로
다룰 줄 알아야겠지.

그런데 잠깐! 그 방법들을 배우기 전에 우리가 흔히 하는 스트레스에
대한 착각들을 먼저 살펴보는 게 좋겠어.

스트레스에 대한 착각들

스트레스에 대해 잘못 알고 있으면서 스트레스를 제대로 다룰 수 있을까? 그러다 정체 모를 마음속 호랑이에게 덥석 물릴 수밖에 없지. 우리가 어떤 착각 속에 살고 있는지 한번 살펴보자.

1 아, 왜 이렇게 우울할까? 뇌에 큰 문제가 생겼나 봐.

우울하다고 해서 뇌에 문제가 생긴 건 아니야. 스트레스를 받으면 누구나 암울한 생각이 들 수 있고 우울한 감정을 느낄 수 있어. 단지 지금 네가 스트레스를 받고 있고 스트레스를 극복하는 과정이라고 생각해.

2 어떤 어려운 일이 있어도 혼자서 해결할 거야. 내 상황을 말하고 도움을 요청하는 건 내가 바보라고 증명하는 거니까.

아니, 사실은 정반대야. 힘든 상황을 혼자 떠안으면 오히려 더 큰 문제에 부딪히게 돼. 필요할 때 도움을 청하는 건 현명하고 건강한 방법이야.

3 사람들에게 내 상황과 감정을 말해도 이해받지 못할 거야.

주변 사람들은 네가 지금 무슨 일 때문에 괴로워하는지 모를 수도 있어. 네 상황을 사람들에게 털어놔 봐. 분명 누군가는 널 이해하고 도우려고 할 거야. 네가 진심으로 의지하고 좋아하는 사람은 누구니?

4 좀 더 생각해 보면 해결책이 나올 거야.

아니, 생각을 오래 한다고 해서 달라지는 건 없어. 문제에 대해 지나치게 생각을 많이 하다 보면 걱정의 늪에 빠질 수 있어. 걱정은 문제를 해결해 주기는커녕 악화시킬 뿐이야. 걱정은 문제와 마음속 두려움을 반복해서 생각나게 하고 결국 우리를 지치게 만들어.

5 바쁘게 살다 보면 좋아지겠지.

바쁘면 사소한 걱정거리가 머릿속에서 떨어져 나가기도 하지. 하지만 인생을 좌지우지할 정도의 스트레스를 받고 있다면, 그 원인을 해결하기 전에는 문제가 저절로 사라지지 않아. 사실, 지나칠 정도로 바쁘게 사는 건 악순환을 가져올 수 있어. 쉼 없이 일만 하다 보면 과부하가 걸려서 나가떨어지니까.

6 오늘만 잘 견디면 내일은 괜찮아질 거야.

그럴 수도, 아닐 수도 있어. 시간이 흐르면 걱정거리가 작아 보일 수도 있어. 하지만 문제를 묻어 두면 오히려 더 힘든 시기가 닥칠 수도 있지. 스트레스를 안고 살면 문제를 해결해 나갈 에너지가 줄어들고 판단력이 무더지니까. 문제를 느끼자마자 푸는 게 최선의 방법이야.

7 원래 사는 건 힘들어.

살다 보면 힘든 순간들이 많아. 하지만 힘든 걸 풀지 못하고 그냥 두면, 힘든 시간을 버틸 수가 없어. 인생이 힘들긴 하지만 누구나 자기 자신과 주어진 인생을 기분 좋게 만끽할 자격이 있어.

8 혼자만의 시간이 필요해.

때로는 혼자 있는 게 도움이 될 수 있어. 하지만 너무 많은 시간을 혼자 보내고 아무와도 이야기하지 않는다면 현실과 많이 멀어질 수 있어. 당장 현실로 돌아와 너를 도와줄 수 있는 사람을 찾는 게 더 낫지 않을까?

9 스트레스를 풀 시간이 없어.

스트레스를 푸는 건 일상과 관련이 있어. 잘 먹고, 적당히 운동하고, 충분히 쉬고, 즐겁게 살면 돼. 이 책에서 다룰 시간 관리, 긴장을 푸는 연습, 목표 설정 같은 몇 가지 기술을 배우면 즐겁게 사는 데 큰 도움이 될 거야.

스트레스를 찾으려면 어디로 가야 할까?
서울? 고비 사막? 태평양? 아니면 남극?
스트레스는 바깥에 존재하는 게 아니야.
스트레스가 사는 곳은 바로 '우리 마음'이야.

스트레스는 눈앞에 있는 상황을 어떻게 생각하고 느끼느냐에 따라 나타나는 결과물이야. 이해를 돕기 위해, 두 가지 경우를 상상해 볼게.

첫 번째 상황

동물원 구경 중이야. 사육사가 호랑이한테 먹이 주는 걸 도와달라고 부탁해. 네가 호랑이에 대해 아는 게 아무것도 없는데 말이지. 호랑이를 쳐다봤더니, 당장이라도 널 덮칠 듯이 노려보고 있어. 이 상황에서 너는 호랑이한테 먹이 주는 게 겁나겠지?

두 번째 상황

동물원 구경 중이야. 사육사가 호랑이한테 먹이 주는 걸 도와달라고 부탁해. 그런데 다행히, 너는 동물 사육사 자격증을 땄어. 호랑이 먹이 주는 데 필요한 기술은 물론이고 경험도 풍부해. 그럼 자신 있게 호랑이 우리로 들어가겠지?

두 가지 경우에서
네가 처한 상황은 똑같아.
다른 점이 있다면 네가 호랑이를
어떻게 보느냐는 거야.

예를 들어, 공부하지 않은 내용이 시험에 나오면 당혹스러울 거야. 하지만 완벽하게 공부한 내용이 나온다면, 그 시험은 식은 죽 먹기나 마찬가지지. 우리가 살면서 부딪히는 수많은 스트레스 상황도 마찬가지야.

스트레스 다루는 기술을 알면
'스트레스로 가득한 삶'을 '즐기며 사는 삶'으로
바꿀 수 있어.

우리는 스트레스를 받으면
어떻게 행동할까?

친구와의 말다툼, 생각한 만큼 안 나오는 성적, 진로에 대한 불안감….
이런저런 스트레스를 받을 때 다른 친구들은 어떻게 할까? 사람들은 스트
레스를 받을 때는 보통 3가지 행동을 해.

1 잠시 관심을 딴 데로 돌려서 기분 전환을 해.

"기분이 울적할 때면, 좋아하는 음악을 들어."
"하루 일과가 끝나면, SNS에 들어가. 그날 있었던 일에서 해방되는 기분이거든."

스트레스가 주는 불편한 느낌에서 벗어나는 데는 기분 전환이 좋아. 기
분 전환은 단기적인 대처법으로는 훌륭해. 예를 들어, 공부하다가 잠깐 간
식을 먹으면서 쉬면 집중해서 공부하는 데 도움이 돼. 하지만 너무 자주
쉬면, 공부를 제때 끝낼 수 없고 그러다 스트레스를 더 받을 수도 있어.

기분 전환은 잠시 스트레스를 잊게 하지만 기분 전환을 하면서 해야 할
일을 질질 끈다면, 결국 스트레스와 다시 마주할 수밖에 없어. 이러다 보
면 기분 전환은 스트레스를 회피하는 도구가 돼 버려.

2 괜찮아, 나중에 하면 돼.

"친구들과 게임을 하면 정말 끝장나게 오래 해. 밤을 샐 때도 있다니까."
"공부하기 싫을 때, 컴퓨터를 켜. 인터넷에 들어가면 시간 가는 줄 모르지. 몇 시간이 훌쩍 지날 때도 있어.

해야 할 일을 미루는 건 기분 전환의 극단적인 행동이야. 기분 전환을 위해 잠시 텔레비전을 보는 건 괜찮아. 하지만 하루 종일 텔레비전만 본다면 어떨까? 문제를 회피하는 행동일 뿐이야. 텔레비전에 시간과 에너지를 많이 뺏기다 보면, 해야 하는 일이나 하기 싫은 일을 점점 미루게 돼. 그럼 해야 할 일은 쌓이고 더 큰 스트레스를 받게 되지. 스트레스 받은 넌 또 오랫동안 기분 전환을 하면서 그 상황을 회피하겠지. 그럼 상황은 더 나빠져. 결국 악순환이 되는 거야.

어떤 회피 활동들은 좋아 보일 수도 있어. 예를 들면 어떤 사람들은 심각한 문제 때문에 괴로워하다가 자신의 부정적인 감정을 극복하려고 특정한 활동에 아주 깊숙이 빠져들어 '과성취'를 하기도 해. 말 그대로 자기 능력보다 과하게 성취를 하는 거지. 친구 관계가 어려워서 공부에만 몰두했더니 시험에서 뛰어난 성적을 거두는 사람, 우울할 때마다 운동에 전념해서 뛰어난 운동선수가 되는 사람이 그런 경우지. 이런 사람들은 집중력이 무척 높은 것처럼 보일지도 모르지만, 이런 활동은 사실 중요한 문제를 회피하는 방식이야.

과성취를 하는 사람은 보통 자신이 스트레스를 느끼는 근본적인 이유를 제거하는 데 집중하지 않거나, 그 사실 자체를 자각하지 못하는 경우가 많아.

　　이것은 악순환이 될 수 있어. 예를 들어 친구 관계가 어려워서 공부를 했어. 공부에 몰두할수록 친구들과 어울릴 시간이 줄어들고 친구들과 멀어질수록 더욱 공부에 파고들게 돼. 이렇게 점점 더 깊숙이 고립의 구렁텅이로 빠져 드는 거야. 이런 사람은 문제 상황이 아닌 다른 곳에 계속 집중해서, 상황이 점점 더 나빠지고 있다는 사실 자체를 깨닫지 못하지.

　　똑똑하고 의욕적인 사람도 미루는 행동을 해. 해야 할 일을 미루는 건 가끔은 괜찮아. 하지만 계속 일을 미루다 보면 악순환을 초래해. 곧 눈앞에 일이 산더미처럼 쌓이지. 머지않아 마감 시한을 넘기고, 변명을 해 봤자 소용없을 지경이 되고, 모든 게 뒤죽박죽이 되어 결국 스트레스가 밀려오지.

　　힘든 문제를 해결하지 않고 미루는 건
　　콜라 캔을 천천히 흔드는 것과 같아.
　　밖에서 볼 때는 아무렇지도 않지만, 캔을 따는 순간 펑!
　　끈적한 콜라가 사방으로 튀는 거지.

● 아프다는 핑계를 대고 문제를 회피하는 친구도 있어.

"학원에 가기 싫어서 배가 아프다고 둘러댔어."
"담임선생님께 독감 걸려서 학교 못 가겠다고 하니까 진단서를 가져오라는 거야. 꾀병 부린 게 들통 나서 엄청 혼났지."

아프다는 핑계로 하루 종일 누워 있는 거, 정말 멋지지 않니? 하지만 문제를 회피하기 위해 병을 이용하는 건 좋은 방법이 아니야.

예를 들어 보자. 같은 반 아이가 네 약점을 자꾸 들추고 애들 앞에서 놀려. 어제는 그 애가 네 옆을 지나가는 척하면서 널 사물함 쪽으로 밀쳤어. 당연히 넌 학교에 가기 싫겠지. 마음 같아선 아픈 척하면서 집에만 있고 싶어. 그렇다면 스트레스 받는 상황을 피할 수는 있겠지만 문제는 사라지지 않아. 오히려 문제가 악화될 수도 있지. 이럴 땐 사실대로 말하는 게 최선의 방법이야.

네가 학교에 가지 않는다고 해서 상황이 해결되진 않아. 그리고 마음속의 긴장감은 더 커질 거야.

● 잠을 늘어지게 자기도 하지.

"아무 생각 없이 하루 종일 잠만 자고 싶어."
"수학 시험 망치고 나서 주말 내내 잠만 잤어. 그랬더니 월요일 사회 시험도 망쳤어."

아침에 조금만 더 자고 싶거나 가끔 낮잠을 자고 싶은 건 지극히 정상이야. 대부분의 십 대 친구들이 충분히 잠을 못 자고 있고. 잠을 푹 자면 스트레스 해소에 어느 정도 도움이 돼. 하지만 힘든 상황을 피하기 위해 자는 거라면 문제가 있지.

매일 12시간씩 잔다거나, 주말 내내 침대에서 뒹구는 건 바람직하지 않아. 스트레스를 받을 때마다 잠으로 달아난다면 깨어 있을 때도 잠에 취해 있는 것처럼 몽롱하고 무기력해져. 결국 잠한테 네 일상을 먹혀 버릴 거야.

● 아무도 모르는 곳에 틀어박혀 있을래.

스트레스가 한계까지 쌓이고 호랑이가 점점 가까이 오는 것 같다면 네가 안전하다고 느끼는 곳으로 숨고 싶을 거야. 마음을 가다듬기 위해 시끄러운 세상에서 잠시 동안 떠나 있는 건 아주 좋은 방법이야. 하지만 문을 닫아걸고 자신만의 공간에서 오랫동안 나오지 않는다면, 그 쉼은 위험천만한 '고립'이 돼 버려. 주변 사람들과 소통하지 않고 늘 혼자 있으면 현실을 바라보는 객관적인 시각을 잃어버려. 틀어박히는 건 네가 문제를 푸는 데 필요한 도움들을 모두 뿌리치는 것과 같아. 그리고 혼자 고립되어 있으면, 부정적인 생각이 자존감을 갉아먹어. 스스로를 쓸모없다고 생각하면서 모든 일에 점점 의기소침해질 수밖에 없어. 그리고 틀어박히는 건 가장 심각한 스트레스 반응인 '도피하기'의 바로 전 단계야.

∃ 다 포기하고 도망갈래.

"완전 지쳤어. 내가 완전히 닳아 없어질 것 같아."
"학교든 인생이든 모든 것에서 다 벗어날 수 있으면 좋겠어."

회피가 심해지면 도피가 돼. 도피는 스트레스가 한계까지 왔을 때 나타나는 행동이야. 네가 지금까지 문제를 해결하려고 발버둥쳤는데도 문제가 그대로 있다면 깊은 절망감에 문제 푸는 걸 포기하게 돼. 어떻게 해야 할지 전혀 모르겠고. 그럴 때 현실도피를 하는 거지.

현실도피의 예들이야.

학교에 무단결석을 한다.	가출한다.
술을 지나치게 많이 마신다.	음식이나 인터넷 등에 폐인 수준으로 중독된다.
타인을 괴롭히는 행동을 한다.	공부, 스포츠 등 특정 활동에 과도하게 집착한다.
거짓말을 밥 먹듯이 한다.	자해 및 자살 시도를 한다.

이런 생각이 들면 곧장 누군가의 도움을 받아야 해. 혼자 이런 상황을 해결하겠다고 하는 건 자기 손가락으로 댐의 틈을 막으려는 어리석은 행동과 같아. 찰나의 효과는 있을지 모르지만, 수압 때문에 댐은 이곳저곳 틈이 생기고, 결국 무너지고 말아. 자칫 손가락을 잃을 수도 있어.

길을 잃었을 땐 누군가에게 도움을 청해야 해.
자기 혼자 길을 찾겠다고 나서는 건
널 더 깊은 위험으로 내몰 뿐이야.

나랑 같이 스트레스를 날려 보지 않을래? 이 책은 마음속 호랑이인 스트레스를 길들이는 10가지 방법을 다루고 있어. 나랑 하나씩 연습하면서 자신에게 가장 맞는 방법을 찾아 봐. 걱정 마. 누구든 쉽게 따라 할 수 있으니까.

자, 이제 준비됐니? 스트레스 호랑이 잡으러 출발!

책 「스트레스 쌓이니?」

루스 커슈너, 애니 폭스 지음 | 김설아 옮김

우리가 가장 많이 쓰는 외래어는 뭘까? 바로 스트레스(stress)래. 엄마 잔소리, 숨 쉴 틈 없는 하루 일과, 맘처럼 안 되는 친구 관계. 모든 게 스트레스지. 십 대들은 스트레스를 받으면 어떻게 풀어야 할까? 이 책엔 십 대 전문 상담가가 알려 주는 십 대가 받는 스트레스의 특징과 스트레스 해소법이 담겨 있어. 스트레스에 반응하는 남녀의 차이, 진짜 친구 감별법, 스트레스 받았을 때 대화법 등 흥미로우면서도 실생활에 유익한 정보들이 가득해. 스트레스 쌓였을 때 혼자 괴로워하지 말고 이 책에 나온 스트레스 해소법을 따라 해 보면 어떨까?

책 「스트레스 사용 설명서」

조셉 슈랜드, 리 디바인 지음 | 김한규, 김무겸 옮김

하버드 의과대학에서 정신의학을 강의하고 있는 조셉 슈랜드 박사와 의학 뉴스 프로그램을 제작하고 있는 리 디바인이 쓴 스트레스 사용 매뉴얼이야. 스트레스를 효과적으로 다루기 위한 생활 방식과 마인드 컨트롤 방법, 주의해야 할 음식과 섭취하면 좋은 음식, 스트레스를 주는 주위 사람들에게 어떻게 대처해야 하는지 자세하게 설명하고 있어. 스트레스를 알고 이해하고 올바르게 대처하기 위한 솔루션이 담겨 있는 그야말로 '사용설명서'인 거지. 스트레스의 정체를 과학적으로 분석해 보고 싶다면 한번 읽어 봐.

이 책에선 스트레스를 '마음속 호랑이'로 표현했어.
네 마음속 호랑이가 언제 가장 크게 으르렁대니?

상황	호랑이 목소리 크기		
휴대폰을 압수당했을 때	🔉	🔉	🔊
시험을 망쳤을 때	🔉	🔉	🔊
친구들이랑 다퉜을 때	🔉	🔉	🔊
방이 어질러져 있을 때	🔉	🔉	🔊
할일이 산더미같이 쌓였을 때	🔉	🔉	🔊
TV를 못 볼 때	🔉	🔉	🔊
용돈이 줄었을 때	🔉	🔉	🔊

어떤 상황에서 호랑이 목소리가 가장 커?
그 상황이 네가 가장 스트레스를 많이 받는 상황이야.
혹시 위에 든 예보다 더 큰 스트레스 상황이 있다면 한번 적어 봐.

_____

_____

_____

2부

스트레스 호랑이를 다루는 10가지 비법

몸을 움직이면 뭐가 좋을까?

규칙적인 운동은 스트레스 관리의 기본이야. 스트레스 받을 때 나오는 화학물질이 우리 몸에 가득 차 있다면 몸을 움직이는 건 특히 도움이 돼. 운동할 때 우리 몸은 스트레스 화학물질을 써서 없애거든. 운동을 하지 않고 가만히 있으면 스트레스가 만든 화학물질 때문에 초조해지고, 불안하고 심하면 몸이 아프기도 하지.

규칙적으로 운동을 하면 스트레스를 받을 때 생기는 나쁜 화학물질이 줄어들고 좋은 화학물질들이 많아져. 엔도르핀(뇌에서 분비되어 진통 작용을 하는 호르몬)이 대표적이지. 이런 화학물질은 우리 기분을 좋게 해 줘. 몸을 움직이는 것만으로도 훨씬 더 명랑해지고 기분이 좋아지지.

스트레스를 받아서 힘든 날, 잠깐이라도 운동을 해 봐. 그러면 몸과 마음이 풀려서, 푹 잘 수 있을 거야.

수잔 에라스무스 박사는 운동을 해야 하는 이유를 이렇게 정리했어. 상담을 받는다는 마음으로 들어 봐.

- **심장에 좋아요.** 피가 맑아지고 혈압도 좋아지죠.

- **살이 빠져요.**

- **골다공증을 막아 준대요.** 열심히 운동하면 뼈가 튼튼해지기 때문이에요.

- **고혈압을 개선하지요.**

- **운동은 훌륭한 스트레스 해독제이기도 해요.** 운동을 하면 매일 만나는 자잘한 스트레스로부터 잠깐이라도 벗어날 수 있거든요. 운동하는 동안 체온이 올라가면 근육 긴장도가 낮아져요. 뇌 속 호르몬도 균형을 되찾을 수 있고요. 기분 좋아지는 호르몬으로 유명한 엔도르핀은 운동을 하면 쏟아져 나오는 것으로 잘 알려져 있어요. 우울과 불안에 연관되는 뇌 속 호르몬인 노르에피네프린, 도파민, 세로토닌 역시 운동을 하면 기분 좋은 방향으로 변화된다고 해요.

- **감기를 예방한대요.** 규칙적으로 운동하는 사람은 그렇지 않은 사람보다 감기에 걸릴 확률이 23퍼센트 정도 낮다는 보고도 있어요. 그리고 운동하는 사람은 감기에 걸리더라도 더 빨리 낫는다고 하네요. 운동을 하면 면역 기능이 개선되기 때문이에요.

- **운동은 천식을 완화시켜 주고, 당뇨 합병증도 줄인대요.**

● 임신 중에도 운동을 하면 엄마와 아기가 모두 건강하대요.

● 운동은 암을 막아 주는 역할을 해요. 특히 대장암이나 유방암의 확률이 줄어들어요.

● 운동은 노화를 늦추는 데 효과가 있는 걸로 잘 알려져 있어요. 뇌가 젊음을 유지할 수 있게 해 주거든요. 뇌로 가는 혈액 순환을 개선시키기 때문에 뇌졸중을 막아 주고, 기억력도 좋아지게 하지요. 운동은 뇌 세포를 건강하게 만들어요.

● 잠을 푹 잘 수 있어요.

● 운동은 마음과 영혼 모두에 좋은 약이에요.

● 운동을 하면 온몸에 산소와 영양분이 공급돼요.

● 근육과 관절이 튼튼해지고 관절염을 조절할 수 있어요.

운동을 하면 이런 게 좋아~

동생이랑 싸운 날엔
산책하면서
마음을 가라앉혀.

수영을 하면 부정적인 생각들이
감쪽같이 사라지고
마음이 한결 차분해져.

요즘 배드민턴을
치는데 스트레스가
다 풀리는 건 같아.

자전거를 타면
온갖 걱정들이 바람을 타고
날아가는 건 같아.

운동은
숨 쉴 구멍을
만들어 줘.

러닝머신 위에서
한 시간 정도 달리고 나면
힘이 엄청 나고 기분이 좋아져.

꾸준한 운동은 근육을 만들고 근육은 섭취한 칼로리를 에너지로 바꿔. 그럼 우리가 먹는 음식의 에너지가 커지고 몸속 지방도 줄어들게 돼. 결국 배고픔을 덜 느끼고, 음식을 덜 먹고, 몸에 좋은 음식에 더 끌리게 되지.

또 운동은 심장, 폐, 근육을 비롯한 몸의 모든 기관들을 단련시켜 우리 몸을 튼튼하게 해. 점점 건강해지는 몸을 느낄 때마다 자기 자신에 대해 긍정적으로 생각하고 자신감이 생겨 활기차게 살 수 있게 되지.

하지만 무리하게 운동하는 건 금물이야. 강도 높은 운동은 오히려 몸을 지치게 하고 스트레스를 주니까. 자신에게 맞는 적당한 운동을 찾아서 하는 게 좋아.

어느 정도로 운동을 해야 '적당하다'고 말할 수 있을까?

FIT 공식을 이용해 보려고 해.

FIT 운동 공식	F 빈도	⋯›	일주일 동안의 운동 횟수
	I 강도	⋯›	운동의 강도
	T 시간	⋯›	운동의 지속 시간

F 빈도(Frequency) 얼마나 자주 하는 게 좋아?

빈도는 일주일 동안 운동하는 횟수를 말해. 전문가들은 적어도 하루에 30분씩 운동을 하라고 해. 아, 벌써 좌절하지는 마. 여기서 말하는 운동은 스포츠 선수들이 하는 운동이 아니라 우리 몸을 '움직이는' 모든 운동을 말하는 거니까. 엘리베이터를 타는 대신 계단을 오르내리거나 가까운 거리는 차를 이용하지 않고 걸어 다니는 것도 운동이야.

이렇게 운동하는 게 마음에 안 들면 좋아하는 아이돌의 춤을 추거나 가볍게 스트레칭을 하거나 산책을 하면 돼.

I 강도(Intensity) 어느 정도로 하는 게 좋지?

운동을 하다 보면 다른 사람보다 더 빨리, 더 많이, 더 잘하고 싶을 수 있어. 하지만 이런 경쟁심으로 자신을 몰아붙이면 금방 지치게 돼. 지나치게 높은 목표는 그 자체로 스트레스가 될 수 있어. 기진맥진해지거나 다치지 않으려면 자신에게 맞는 운동 강도를 찾는 게 좋아. 운동하면서 옆 사람과 대화를 나눌 수 있다면, 적당한 운동 강도야. 친구랑 같이 운동하면서 운동 강도를 체크하는 것도 좋아. 혼자 운동할 때보다 둘이 하는 게 더 재미도 있고 서로 피드백도 해 줄 수 있지. 더 꾸준히 하게 되고.

과학적으로 운동 강도를 측정하는 방법이 있는데 바로 '목표 심장 박동 수' 측정이야. '목표 심장 박동 수'는 신체 활동으로 최대의 운동 효과를 얻을 수 있는 맥박 수야. 더 열심히 한다고 해서 꼭 더 좋은 건 아니야. 아래 공식으로 각자의 '목표 심장 박동 수'를 확인해 봐.

목표 심장 박동 수 공식

$$\frac{(220 - 본인\ 나이) \times 70\%}{6} = 10초\ 동안의\ 목표\ 심장\ 박동\ 수$$

내 목표 심장 박동 수는?

분자는 1분당 목표 심장 박동 수야. 분당 목표 심장 박동수를 6으로 나누는 이유는, 실제로는 10초 동안만 맥박 수를 세기 때문이야. 건강한 심장은 운동을 멈추고 10초가 지나면 평소처럼 뛰기 시작해.

목표 심장 박동 수에 가까워졌는지 알아보기 전에, 20분 동안 운동을 해. 그리고 나서 손목의 맥박을 재 봐. 목의 맥박을 재도 상관없어.

10초 동안 맥박이 몇 번 뛰었니?

운동 후 10초 동안 내 맥박 수 :

목표 심장 박동 수를 넘어섰거나 숨을 쉴 수 없을 정도야.
- 너무 열심히 한 거 아니니? 다음에는 좀 더 여유롭고 천천히 하도록 하자.

목표 심장 박동 수보다 낮아.
- 너무 여유 부린 거 아냐? 스트레스한테 간지럼만 태운 수준이라고나 할까. 스트레스한테 강 펀치를 날리려면 좀 더 강도 높은 운동이 필요해.

목표 심장 박동수에 가까워.
- 와우! 스트레스한테 강 펀치를 날릴 정확한 운동 세기를 찾아냈어. 이 운동 강도를 몸에 익히자고. 느낌 아니까 잘할 수 있지?

    자신에게 딱 맞는 강도로 운동하면 운동을 즐길 수 있고 부상도 피할 수 있어. 운동하는 동안 기분이 좋아지는 건 당연하겠지?

Ⓣ 시간(Time) 얼마나 오래 하는 게 좋을까?

최대한의 운동 효과를 얻기 위해서는, 적어도 20분에서 30분 정도 목표 심장 박동 수를 유지하는 게 좋아. 잠깐 격렬하게 운동하고 끝내면 최대 효과를 볼 수 없어. 그리고 운동하기 전과 마무리할 때 스트레칭이나 가벼운 운동으로 몸을 풀어 주는 게 좋아. 그래야 몸의 긴장을 풀고 근육을 이완시킬 수 있어. 만일 운동하는 데 어려움이 있으면 체육 선생님께 조언을 구해 봐. 의사 선생님과 상담하는 것도 좋아. 건강 전문가들이 객관적으로 살펴보고 네게 맞는 운동법을 알려 줄 거야.

최고의 운동 방법을 알아도 하지 않으면 소용이 없어.
배운 걸 실천에 옮길 수 있도록 차근차근 계획을 세워 보자.

내가 좋아하는 운동　꾸준히 운동을 하려면 우선 자기가 좋아하는 운동을
찾아야 해. 만약 물을 무서워 하는 친구가 수영을 한다면 그것 자체로 스트
레스가 되겠지. 넌 무슨 운동을 할 때 가장 재밌니? 자유롭게 떠올려 봐.

운동 친구　함께 운동하면 혼자 하는 것보다 훨씬 재밌고 동기부여도 돼. 네
주변에 같이 운동할 친구들 없니? 함께하면 좋을 친구를 적어 봐.

운동 시간 좋아하는 운동을 찾았다면 일단 시작해 보는 거야. 언제 하는 게 제일 좋니?

운동 장소 그 운동을 어디서 할 거야?

운동 순서 건강하게 운동을 하려면 준비 운동과 마무리 운동이 중요해. 준비 운동과 마무리 운동까지 운동 순서를 간략하게 적어 봐.

잘 먹고 잘 살자

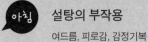

아침 설탕의 부작용

여드름, 피로감, 감정기복

점심 패스트푸드의 부작용

뱃살, 혈관 질환, 무기력, 피부 창백
부스럼, 두통과 우울증, 구토감

저녁 카페인의 부작용

초조, 불안, 흥분, 몸 떨림, 불면증
불규칙한 심장박동, 위장 장애
과민성 대장 증상

스트레스를 잘 관리해서 에너지 넘치고 적극적인 사람이 되고 싶다면

우선 자신의 '탱크' 안에 제대로 된 연료를 채워야 해. 과일, 채소, 곡물을 골고루 섭취하면 비타민, 미네랄, 단백질 같은 우리 몸을 지키는 데 필요한 필수 영양소들을 얻을 수 있어. 하지만 우리가 쉽게 먹을 수 있는 음식 중에는 정제(물질에 섞인 불순물을 없애 순수하게 만드는 과정) 가공된 식품들이 많아. 인공적인 가공 과정을 거치면 본래 재료가 가지고 있던 영양소가 많이 사라지고 높은 열량만 남지. 열량이 높은 음식은 혈당을 급격히 올려서 몸에 부담을 줘. 또 정제 식품은 살을 찌게 하는 주범으로 당뇨, 비만 같은 성인병을 불러오지.

좋은 음식을 먹는 게 왜 중요할까?

우리 몸의 모든 세포는 우리가 먹는 음식에 100퍼센트 영향을 받아. 피부, 근육, 신경, 뇌세포들은 당근과 커피의 차이를 정확히 알고 있지. 피부세포는 상처를 아물게 하고 뇌세포는 집중력을 높여. 이렇게 우리 신체 기능은 세포의 기능으로 이뤄져.

예를 들어, 뇌세포들이 서로 소통하고 협력해서 잘 작용하려면 충분한 단백질과 비타민이 필요해. 그런데 이런 영양소가 부족하면 어떻게 되겠어? 중요한 일에 집중을 못 하고 안절부절못하겠지. 만일 뇌세포를 비롯한 세포들을 함부로 다룬다면 언젠가 세포들이 복수를 할지도 몰라.

청소년기 여자는 하루에 2,100~2,300칼로리, 남자는 하루에 2,200~2,700칼로리가 필요해(한국 영양학회 기준). 십 대 때는 몸이 성장할 때이니 우리 몸에 필요한 5대 영양소(탄수화물, 단백질, 지방, 무기질, 비타민)를 충분히 섭취해야 해.

스트레스에 안 좋은 음식은?

채소와 과일 같은 건강식품은 스트레스로부터 우리 몸을 지켜 주고, 힘든 상황에서도 현명하게 생각하고 행동할 수 있도록 도와줘.

반면 패스트푸드와 가공 식품은 스트레스를 받을 때 우리 몸이 제대로 기능하지 못하게 방해를 해. 대개 가공 식품과 패스트푸드에는 감칠맛을 내기 위해 지방, 당분, 인공 첨가물이 많이 들어가 있거든.

이제부터, 매일 먹고 싶을 만큼 입맛을 당기지만 자주 먹으면 우리 몸과 마음을 빠르게(FAST) 망가뜨리는 패스트푸드의 정체에 대해 파헤쳐 보려고 해.

패스트푸드가
우리 몸에 안 좋은 이유

슈라다 루파베이트 박사는 패스트푸드가 몸에 좋지 않은 이유 10가지를 정리했어.

- **패스트푸드는 몸을 피곤하게 할 수 있어요.** 패스트푸드를 먹으면 배가 부르긴 하지만 단백질이나 양질의 탄수화물 같은, 우리 몸을 건강하고 활기차게 유지할 성분은 부족하거든요. 그렇기 때문에 패스트푸드를 자주 먹으면 만성적으로 피곤할 수 있어요.

- **패스트푸드는 특히 십 대들에게 우울증을 유발할 수 있어요.** 십 대는 성장과 발달 때문에 수많은 호르몬의 변화가 일어나는 시기죠. 건강한 식단은 호르몬 균형을 유지하는 데 중요한 역할을 해요. 패스트푸드에는 필수 영양 성분이 부족하기 때문에 호르몬의 균형이 깨지기 쉬워요. 호르몬 균형이 깨지면 우울증이 생길 수 있구요.

- **소화가 잘 안 될 수 있어요.** 대부분의 패스트푸드는 기름지죠. 그래서 위장 질환이나 과민성 대장 증상 같은 것들이 나타날 수 있어요. 패스트푸드에는 소화에 필수적인 섬유소도 거의 들어 있지 않아요.

- **혈당이 심하게 오르내릴 수 있어요.** 패스트푸드에는 정제된 당분이 많이 들어 있어요. 당분을 과도하게 섭취하면 우리 몸은 혈당을 조절하려고 췌장에게 더 많은 인슐린을 만들어 내게 해요. 이렇게 쏟아져 나온 인슐린 때문에 혈당은 뚝 떨어지고, 결과적으로 혈당이 떨어지면 짜증이 나고 배가 고파서 단 걸 더 먹고 싶게 되지요.

- **뇌기능에도 영향을 미쳐요.** 쥐에게 패스트푸드만 일주일을 먹였더니 기억력이 떨어지더래요. 트랜스지방 같은 나쁜 지방들이 뇌 안에 있는 건강한 지방을 대체해서 뇌의 신호 체계에 문제가 생길 수 있다는군요.

- **심장 질환의 위험이 높아져요.** 패스트푸드에는 콜레스테롤과 중성 지방이 많이 들어 있기 때문이죠. 패스트푸드 안에 들어 있는 지방은 몸에 계속 축적돼 살이 찌게 해요. 체중이 늘수록 심장 마비를 겪을 확률은 높아지구요.

- **콩팥 질환을 일으킬 수 있어요.** 패스트푸드에는 정제 소금이 많이 들어 있어서 아주 맛있게 느껴지기는 해요. 그렇지만 소금의 성분인 나트륨 때문에 혈압이 높아지고 콩팥 기능이 나빠질 수 있어요.

- **간에도 해로울 수 있어요.** 패스트푸드에 들어 있는 지방이 간에 축적되면서 지방간 같은 간기능 이상을 가져올 수 있지요.

- **당뇨병을 유발할 수 있어요.** 건강한 식사를 하는 사람과는 달리 패스트푸드만 먹는 사람은 인슐린을 사용하는 신체 기능에 문제가 생기기 쉬워요.

- **암에 걸릴 확률이 높아져요.** 당분과 지방 함량이 높은 패스트푸드를 많이 섭취하면 대장암에 걸릴 가능성이 높다고 해요. 튀긴 음식을 한 달에 두 번 이상 먹는 사람은 전립선암에 걸릴 가능성이 높아진다는 보고도 있구요.

이걸로 끝이 아니야.

아이비 모리스 박사는 패스트푸드가 나쁜 첫 번째 이유는 고칼로리 때문이라고 했어. 미국의 한 조사에 의하면 점심 메뉴로 팔리는 패스트푸드의 평균 칼로리가 827칼로리래. 1/3은 1천 칼로리가 넘었고.

두 번째 이유는 인슐린 저항성 때문이야. 한 연구에 의하면 일주일에 3번 이상 패스트푸드를 먹는 사람은 일주일에 1번 이하로 먹는 사람에 비해 체중도 4~5킬로그램 정도 더 나가고 인슐린 저항성의 위험이 2배는 높다고 해. 인슐린 저항성이 무슨 소리냐고? 혈당을 떨어뜨리는 호르몬인 인슐린이 자기 역할을 잘 해내지 못하는 상태가 인슐린 저항성이야. 즉 혈당 조절이 잘 안 된다는 거지. 인슐린 저항성과 연관되는 질병으로는 고혈압, 고지혈증, 심혈관계 질환 같은 것들이 있어.

세 번째 이유는 패스트푸드 안에 들어 있는 지방 때문이야. 지방 함량이 높은 음식을 먹고 나면 불과 몇 시간 안에 혈관이 제대로 기능을 하지 못하게 된대. 건강한 사람에게는 별 문제가 아닐 수도 있지만, 동맥 질환 같은 심장 이상이 있는 사람이라면 심장 마비를 일으킬 수도 있어.

　네 번째로 나쁜 이유는 우울증과 중독 때문이야. 한 연구에 의하면 정기적으로 패스트푸드를 먹는 사람은 패스트푸드를 거의 먹지 않는 사람에 비해 51퍼센트 정도 우울증이 생길 확률이 높대. 패스트푸드를 중독 대상으로 분류해야 하는 게 아닌지 심각하게 고민해야 한다는 의견도 있어.

스트레스 화학물질을 만드는 카페인

이번엔 카페인이야. 카페인은 쓴맛이 나는 투명한 고체로 커피, 차, 탄산음료, 에너지 음료에 많이 들어 있어. 초콜릿이나 아이스크림에도 있고 감기약, 드링크제 같은 약에도 숨어 있지.

카페인은 스트레스를 받거나 피곤한 사람에게 일시적으로 활기를 줘. 마치 에너지를 얻은 느낌이 들지. 하지만 이것은 좋은 음식을 먹거나 운동하면서 얻는 에너지와 다른 가짜 에너지야. 기분이 좋아졌다는 '착각'을 불러일으키는 거지.

카페인이 왜 문제가 되느냐고? 스트레스 받을 때와 같은 신체 반응을 카페인이 만들어 내기 때문이야. 카페인은 스트레스 호르몬인 코티솔(혈당을 높이고 면역력을 떨어뜨림)을 분출하게 만들어. 적은 양의 카페인은 별 문제가 없지만 많은 양의 카페인을 먹으면 스트레스를 받을 때처럼 초조하고 불안해지지. 신경이 예민해지고 화장실을 들락거리게 되고 잠을 잘 못 자는 건 카페인의 부작용이야.

이런 게 카페인의 부작용!

불안

불면증 또는 악몽

위장 장애

과민성 대장 증상

초조

몸 떨림

손과 발이 축축해짐

흥분

불규칙한 심장박동

카페인 음료를 마시는 건 초조함을 조금씩 들이켜는 것과 같아. 카페인을 지나치게 먹으면 호랑이에 둘러싸인 기분이 들 거야. 안타깝게도, 카페인은 중독성이 강해. 그래서 많이 먹기가 쉽지. 카페인을 끊거나 줄이려고 할 때, 금단현상이 나타나기도 해. 대표적으로 두통을 들 수 있어.

앞으로 카페인 음료 대신 물을 자주 마시고 운동을 해 봐. 카페인을 먹을 때보다 몸이 한결 가벼울 거야. 또 4시간 이상 위를 비워 두지 않게 조금씩 자주 식사를 하면 카페인 생각이 줄어든대. 그리고 피곤할 때는 카페인을 찾지 말고 바로 자는 게 가장 좋아.

들쭉날쭉 내 기분, 혹시 설탕 탓?

카페인한테는 아주 친한 친구가 있어. 바로 설탕이지. 이 친구는 카페인이 들어간 음식에 잘 끼어들어. 우리가 흔히 먹는 패스트푸드와 가공 식품에도 많이 들어가 있어. 콜라 한 캔에는 백설탕이 티스푼으로 9개가 들어가고 스포츠 음료 한 병에는 각설탕 12개가 들어간대.

벌꿀이나 과즙과 다르게 설탕은 화학적으로 가공돼서 순식간에 우리 몸에 흡수되고 혈당을 올려. 그럼 우울한 기분이 해소되고 기분이 좋아지지. 이 증세를 슈가 하이(sugar high)라고 해. 이 상태는 한 시간 정도 지속돼. 하지만 그 시간이 지나면 슈가 하이 효과가 사라지고 기분이 가라앉지. 이런 이유 때문에, 설탕을 많이 섭취하면 감정 기복이 심해져.

조금 더 자세히 설명해 볼게. 혈당이 급격히 올라가면 평소 조용하고 차분하던 췌장은 비상상태에 들어가. 췌장은 혈당을 조절하는 호르몬인 인슐린을 분비하거든. 우리가 슈가 하이로 들뜨는 동안, 넘쳐 나는 당분을 없애려고 모든 기능을 풀가동해서 인슐린을 분비해.

흥분한 췌장이 인슐린을 지나치게 많이 분비해서 혈당을 평소 이하로 낮출 때도 있어. 그럼 졸음이 몰려오고 우울해지지. 피곤해져서 단 걸 또 먹게 된다면 설탕 롤러코스터에 올라탄 거야. 기분이 들떴다가(혈당 상승) 처지고(혈당 하락) 다시 들떴다가(혈당 상승) 처지는(혈당 하락) 과정을 반복하는 거지. 문제는 기분이 처질 때마다 전보다 훨씬 더 급격하게 처진다는 거야. 결국 녹초가 되고 말지.

설탕은 우리 기분을 북돋아 준 뒤에 급격히 의기소침한 상태로 내몰아.

또 우리를 살찌게 만들지. 지금부터 설탕을 덜 먹으려고 노력해 봐. 단게 먹고 싶을 땐 초콜릿이나 음료 대신 과일을 먹는 게 어떨까? 과일에 있는 당분은 몸에 천천히 흡수되어 설탕 롤러코스터 작용을 막거든. 그리고 섬유질이 많아 몸매 관리에도 도움을 주지.

당분 VS. 여드름

설탕에 대해서는 할 말이 많아. 당분이 여드름을 유발한다는 사실 알고 있어? 확실한 증거가 있으니까 들어 봐.

여드름을 일으키는 중요한 요소 두 가지는 호르몬과 염증이거든. 호르몬은 피지 분비를 왕성하게 만들어. 피지가 땀구멍을 막으면 염증이 생기면서 여드름을 일으키는 박테리아가 무럭무럭 자라나게 되지. 당분 특히 설탕 때문에 여드름이 악화되는 것도 시작은 혈당이 상승하는 거야. 췌장이 만들어 낸 인슐린은 '인슐린 유사 성장 요소'라고 하는, 다소 복잡하고 어려운 이름의 호르몬 농도를 올려. 인슐린도 피부에 좋지 않지만 이 호르몬은 더더욱 안 좋다고 해. 그리고 설탕은 염증을 촉진해.

그렇다고 모든 당분이 다 여드름에 좋지 않은 건 아니야. 당 지수라는 걸 들어 본 적 있어? 설탕이나 정제 탄수화물은 당 지수가 높거든. 당 지수가 높은 음식은 피부에 좋지 않지만 당 지수가 낮은 콩이나 해조류 같은 음식은 여드름 상태를 개선하는 데 도움이 된다고 해.

내 몸을 지키는 2리터의 물

우리 몸무게의 70퍼센트 이상이 물이라는 거 알고 있지? 몸속 기관은 대부분 물로 이뤄져 있어. 우리 몸속에서 1~2퍼센트의 물을 잃으면 심한 갈증을 느끼고, 5퍼센트를 잃으면 정신을 잃고 쓰러지지. 10퍼센트 이상 물을 빼앗기면 목숨이 위태롭다고 해.

물은 중요한 역할을 해. 우리가 섭취한 영양소를 혈관을 통해 몸 구석구석 전달하고 노폐물을 배출하지. 노화를 막고(피부 세포가 수분을 잃을 때 피부 탄력이 떨어지고 주름이 생겨) 우리 몸의 형태를 유지시키고 체온을 조절해 줘. 충분한 수분 섭취는 건강의 필수 조건이야.

그렇다면 물을 얼마나 마셔야 할까? 전문가들은 하루에 2리터, 하루에 8잔에서 10잔 정도의 물을 마셔야 한다고 해. 그래야 우리 몸이 제 기능을 할 수 있대(물론, 운동을 많이 한 날에는 더 많이 마셔야 하겠지?). 시간을 정해 놓고 물을 마시는 습관을 들여 봐. 물병을 항상 갖고 다니면서 생각날 때마다 물을 마시는 것도 방법이지. 몸이 건강해지는 걸 느낄 수 있을 거야.

습관은 힘이 세.

몸에 좋은 음식을 챙겨 먹는 건 쉬운 일이 아니야. 주변에 패스트푸드점과 편의점이 수두룩하고 그런 곳에서 만나는 음식이 청소년의 입맛에 잘 맞는 것도 문제야.

식습관을 하루아침에 바꾸는 건 어려워. 하지만 생활 속에서 조금씩 작은 변화를 만들고 그 변화를 유지한다면 나쁜 식습관을 고칠 수 있어.

늦게까지 공부해야 한다면 에너지 음료나 커피를 마시는 대신 피를 뇌로 보내기 위해 잠깐 동안 운동을 해 봐. 그리고 일주일에 한두 번 정도는, 간식으로 먹었던 과자를 샐러드나 유제품으로 바꿔 봐. 이 변화를 계속 이어 간다면 "나는 더 멋지고 건강한 사람으로 바뀌고 있어"라는 생각이 절로 들 거야.

이번 기회에 식단을 한번 바꿔 봐. 건강에 좋지 않은 화학물질을 피하고, 튀긴 음식 대신 샐러드를 먹어 봐. 우리 몸 안에 건강한 연료를 채우고, 스트레스를 유발하는 카페인과 설탕을 덜 먹으면 몸이 더 건강해졌다는 느낌을 받게 되고 기분도 더 좋아질 거야.

야채와 과일을 많이 먹으면
혈압이 좋아지고 심장병이나 뇌졸중에
걸릴 위험이 줄어들어.

암도 예방할 수 있고, 시력이 나빠지는 것도 막고, 소화 기능도 좋아지지. 그 외 어떤 병들에 도움이 되는지 살펴볼까?

- **심혈관계 질환** 한 연구에 의하면 야채와 과일을 많이 섭취하는 사람은 적게 섭취하는 사람보다 심장 마비나 뇌졸중에 걸릴 확률이 30퍼센트나 낮았대. 특히 녹색 채소가 좋고 브로콜리, 오렌지, 레몬, 자몽 같은 것들도 좋아.

- **고혈압** 혈압이 높은 사람들이 과일과 야채를 많이 섭취하면 혈압이 낮아진대.

- **암** 양상추, 브로콜리, 양배추, 마늘, 양파 같은 야채는 구강암, 식도암, 위암을 예방하는 효과가 있어. 과일은 폐암을 막아 주는 효과가 있고. 토마토는 남자들이 걸릴 수 있는 전립선암을 예방한대.

- **당뇨** 특히 블루베리, 포도, 사과는 당뇨병에 걸릴 확률을 낮춰 준대.

- **위장관계 질환** 과일과 야채에 들어 있는 식이 섬유는 과민성 대장 증상을 완화하는 효과가 있어. 변비에도 도움이 돼.

영화 〈슈퍼 사이즈 미〉

패스트푸드 좋아해? 급식 식단표가 매일 햄버거, 피자, 치킨으로 채워진다면 정말 좋겠지? 그런데 과연 그럴까? 〈슈퍼 사이즈 미〉라는 다큐 영화는 그 해답을 말해 줘. 종합 건강검진에서 모두 정상 판정을 받은 한 남자가 30일 동안 매일 삼시 세끼를 패스트푸드로 해결해. 한 달 후, 남자는 어떻게 됐을까? 몸무게 11킬로그램 증가, 구토, 간질환, 우울증이 생기면서 몸과 정신이 종합적으로 망가지지.

혹시 '나는 저 정도로 먹진 않으니까 괜찮아'라고 생각하며 패스트푸드점으로 향하는 친구 있어? 우리 몸은 콜라랑 우유의 차이점을 단숨에 알아챈다고. 슈퍼 사이즈 미 vs. 아이 러브 미, 네 선택은?

책 『맛있는 햄버거의 무서운 이야기』

에릭 슐로서, 찰스 윌슨 지음 | 노순옥 옮김

햄버거가 어떻게 만들어지는지 알고 있니? 햄버거 고기 패티 한 장에는 여러 나라에서 온 수백 마리의 소들이 섞여 있을지도 몰라. 이 책은 패스트푸드가 어떻게 만들어지는지, 어떻게 맛있는 맛을 내는지, 그리고 그런 과정들이 우리들에게 어떤 영향을 주는지를 낱낱이 파헤쳐. 그리고 패스트푸드가 우리가 사는 사회를 어떻게 변화시키는지도 알려 주고 있지. 패스트푸드의 놀랍고도 솔직한 이면을 보고 다시 우리 식탁을 살펴봐. 나는 내 몸을 살리는 밥을 먹고 있을까? 내 몸을 죽이는 독을 먹고 있을까?

✎ 오늘 먹은 음식을 생각해 보고 빠짐없이 적어 봐.

아침

점심

저녁

✎ 다 적었니? 이 중에서 네 몸에 해로운 음식을 적어 봐.
이 음식을 어떤 음식으로 대체할 수 있을까?

내 몸에 해로운 음식   대체 음식

차분하게 명상하자

누구나 삶이 벅차고
힘겹게 느껴질 때가 있어.
그럴 때면 마치 바다 한가운데에서
엄청난 폭풍을 만나 혼자 구명정에 몸을 싣고
표류하는 기분이 들어.

그러면 감정의 파도에 휩쓸려 자신감을 잃게 되고, 수많은 일과 불안감
에 사로잡혀 꼼짝할 수 없는 지경에 이르지. 이런 상황에서 '제대로 해낼
수 있을까' 하고 의문이 드는 건 당연한 일이야.

삶이라는 거대한 폭풍 속에서 이리저리 내몰릴 때, 자신을 지키려면 '폭
풍의 눈'을 찾아내야 해. 폭풍의 눈이란 엄청난 풍랑 중심에 있는 고요한
장소를 말해. 폭풍의 눈에서 잠시 쉬면 몸과 마음을 추스를 수 있어.

폭풍의 눈을 어떻게 찾느냐고?
'휴식의 기술'이 있다면 찾기 쉬워.

휴식의 기술이란?

'휴식'이라고 하면, 보통 기분 전환하는 걸 떠올려. 게임을 하거나 웹툰에 푹 빠지는 것처럼 말이야. 그런데 진정한 휴식이란 사실 아무것도 하지 않는 걸 말해. 휴식의 목적은 지친 마음을 가다듬고 불안정한 몸 상태를 회복하는 거니까. 진정한 휴식은 몸과 마음이 '완전히' 편안한 상태야. 우리를 쫓고 있는 마음속 호랑이들로부터 안전하다고 느끼게 해 주지.

휴식하는 방법을 알면 마음속 호랑이를 길들일 수 있어. 아래에 있는 표에 체크를 해 봐.

다음 중 진정한 휴식은 무엇일까?

☐	Ⓐ 텔레비전 보기	☐	Ⓔ 온몸의 긴장 풀기
☐	Ⓑ 산책하기	☐	Ⓕ 독서하기
☐	Ⓒ 심호흡하기	☐	Ⓖ 명상하기
☐	Ⓓ 낮잠 자기	☐	Ⓗ 친구와 채팅하기

ⓒ, Ⓔ, Ⓖ번이라고 선택한 친구가 있다면, 정답이야. 나머지는 제아무리 즐거운 일이라 해도, 스트레스에 일시적으로 대처하는 방법일 뿐이야. 텔레비전 보기, 독서, 온라인 채팅은 잠깐 쉴 여유를 주기는 하지만, 휴식이라고 할 수는 없어. 이런 활동은 뇌를 계속 움직이게 하거든. 산책하는 건 기분 전환이 될 수는 있지만, 휴식이라고 할 수는 없어. 왜냐하면 몸이 쉬는 게 아니니까. 산책하면서 자동차가 오는지 주변을 살펴야 하고, 마음에는 여전히 걱정을 안고 있을 테니까.

잠자는 것도 엄밀히 따지면 쉬는 게 아니야. 잠을 잘 땐 스스로를 통제할 수 없기 때문이야. 누구나 악몽을 꿀 때가 있잖아.

진정한 휴식은
심호흡을 하고, 명상하고, 온몸의 긴장을 푸는 거야.
마음은 차분하게, 정신은 맑게, 그러면서도
주의를 집중시켜 주는 게 휴식의 기술이야.

우리 뇌 속에선
무슨 일이 일어날까?

수많은 뇌세포는 전기를 이용해 상호 작용을 해. 이런 전기적인 상호 작용은 첨단 센서로 측정해서 눈에 보이는 파동의 형태로 표현돼. 이걸 뇌파라 불러. 즉 뇌파란 뇌가 활동을 하면서 나타나는 전류를 말해.

우리가 스트레스를 받을 때와 그렇지 않을 때에 따라 뇌파가 다르게 나타나. 제대로 쉬면 좋은 뇌파인 알파파가 늘어난다고 해. 알파파는 우리 몸과 마음이 편안하고 자유로운 상태를 만들어 줘. '명상'도 바로 이 알파파를 만들기 위한 거야.

집중해서 호흡하기

우리 몸과 마음은 서로 영향을 주고받아. 생각과 감정이 몸에 영향을 미치는 것처럼, 몸 상태도 마음가짐과 기분에 영향을 미치지. 그래서 몸과 마음에 균형이 잡히면 무척 편안해지고 감정을 다스릴 수 있게 돼. 그렇게 되려면 먼저 호흡을 잘해야 해. 호흡에 집중하면 스트레스로 가득한 일상 생활에서도 쉽게 차분함을 유지할 수 있어.

신경이 곤두서고 흥분되고 화가 나면, 호흡이 가빠지고 심장이 요동쳐. 숨을 가쁘게 쉬면 우리 몸에 산소가 충분히 공급되지 못해. 하지만 긴장을 풀고 휴식을 취하면, 호흡은 느려지면서 깊어지지. 느리고 깊고 정상적인 호흡은 마음이 차분하다는 증거야.

지금 네 호흡은 어떠니? 앉아서 책을 읽고 있다면 호흡은 아마도 깊고 느릴 거야. 스트레스를 받을 때 호흡을 확인해 봐. 분명 평소보다 얕으면서 빠를 거야. 뭔가를 걱정하는 것만으로도 호흡은 달라져. 다행히도, 우리는 호흡을 다스릴 수 있고 차분한 마음을 만들어 낼 수 있어. 스트레스를 받을 때에도 적용 가능하지. 지금부터 호흡에 집중하는 방법을 따라 하면 몸과 마음이 한결 가벼워질 거야.

책을 보고 혼자서 따라 하는 건 힘들 거야. 친구랑 같이 연습해 봐. 친구가 호흡법을 읽어 주면 네가 따라 하는 식으로, 아니면 이 방법을 녹음해서 녹음 파일을 들으면서 따라 해 봐.

준비 단계

- 호흡 훈련을 할 만한 조용한 장소를 찾아. 편안하게, 아무런 방해도 받지 않고 누워 있을 수 있는 곳이 필요해.
- 몸에 딱 달라붙는 옷은 피해. 숨을 편안하게 쉬어야 하니까. 신발을 벗는 것도 좋은 방법이야.
- 주변 사람들한테 휴식 호흡법을 연습할 거라고 말해 둬. 누군가 불쑥 들어와서 호흡의 흐름을 깨지 않도록.
- 모든 단계를 3~4번 반복하면서 연습하는 게 좋아. 그래야 호흡이 서서히 깊어지고 차분해지니까. 연습을 마치고 호흡이 평상시로 돌아올 때까지 기다려.

1단계 기본 자세 잡기

1. 편안한 자세로 앉거나 누워.
2. 입을 다물고, 코로 몇 차례 숨을 깊이 들이마시고 내쉬어.
3. 오른손을 배꼽 부분에 올려. 왼손은 가슴 위에 두고.

④ 아직까지는 숨을 조절하려고 하지 마. 그냥 숨이 몸 안 어디에 머무르고 있는지 느껴 봐.

2단계 **가슴으로 호흡하기**

① 가슴으로 길게, 천천히, 깊게 숨을 들이마셔 봐. 가슴 위의 왼손이 올라갈 거야. 이때 배꼽 위의 오른손은 움직이지 말고 가만히 있어야 해.

② 가슴에 숨이 가득 찬 상태로 잠시 멈춰. 그러고 나서 천천히 코로 숨을 내쉬어.

③ 1, 2번 동작 '가슴 호흡법'을 세 번 반복해.
가슴으로 호흡할 때 어떤 근육이 움직이는지에 집중해. 크게 숨을 들이쉬고 멈췄을 때의 충만감을 느껴 보고, 천천히 숨을 내쉴 때의 이완감을 느껴 봐.

④ 가슴 호흡법을 마무리하고 호흡이 원래대로 돌아올 때까지 편안하게 쉬어.

3단계 **배로 호흡하기**

① 평소 호흡 상태에서 배로 길게, 천천히, 깊게 숨을 들이마셔 봐. 배꼽에 올린 오른손이 천천히 올라갈 거야. 이때 가슴에 둔 왼손은 움

직이지 않고 가만히 있어야 해.

② 배에 숨이 가득 찬 상태로 잠시 멈춰. 숨이 가득 찬 충만감을 느껴 보고 천천히 코로 숨을 내쉬어. 숨을 내쉴 때의 이완감을 느껴 봐.

③ 1, 2번 동작 '배 호흡법'을 세 번 반복해.

④ 배 호흡을 마무리하고 다시 잠깐 쉬어. 숨이 원래 상태로 돌아올 때 까지.

4단계　4박자 호흡하기

다시 기본 자세를 취하고 호흡을 4박자에 맞춰 봐.

① '하나' 할 때 배로 숨을 들이마셔. 배꼽에 둔 오른손이 올라가. 숨이 가득 찬 상태에서 잠깐 멈춰.

② '둘' 할 때 가슴으로 숨을 들이마셔. 가슴에 둔 왼손이 올라가. 숨이 가득 찬 상태에서 잠깐 멈춰.

③ '셋' 할 때 배로 숨을 천천히, 깊게 내쉬어. 배꼽에 둔 오른손이 내려 가. 숨을 완전히 내쉰 뒤 잠깐 그대로 멈춰.

④ '넷' 할 때 가슴에 남은 숨을 천천히 내뱉어. 가슴에 둔 왼손이 내려 가. 가슴과 배에 있는 숨을 완전히 내뱉은 뒤, 잠깐 그대로 멈춰.

⑤ 다시 하나부터 넷까지 세면서 숨을 들이마시고 내뱉는 동작을 2~ 3분 동안 반복해. 4박자 호흡법을 하는 동안 리듬을 실어 이렇게 말

해 봐. (머릿속으로 되뇌어도 좋지.) "배로 들이쉬고, 가슴으로 들이쉬고, 배로 내쉬고, 가슴으로 내쉬고."

처음에는 호흡에 집중한다는 게 어색하고 낯설 거야.
하지만 연습하다 보면, 어느 순간 몸에 익고 편안해지지.
마침내 폭풍 한가운데서 평화로운 '폭풍의 눈'을 찾아낸 거야.
앞으로 넌 스트레스를 받을 때마다 조용한 곳을 찾게 될 거야.

명상하기

심장이 쉬지 않고 뛰는 것처럼, 우리 뇌도 항상 움직여. 뇌는 생각하는 기계처럼 끊임없이 생각을 만들어 내지. 믿기지 않는다고? 그럼 지금 책을 내려놓고 생각을 멈춰 봐. 지금 당장!

성공했니? 아닐 거야. 뇌를 멈추는 일은 불가능하니까. 네가 무엇을 하든, 행동 뒤에 네 생각이 숨어 있어. 두려움과 걱정도 마찬가지야.

어쩌면 네 생각이
가장 무시무시한 호랑이가 될 수도 있어.

생각을 멈출 수는 없어도, 그 생각에서 벗어나 다른 데에 집중할 수는 있어. 지금 당장 오른 발바닥에 집중해 봐. 발바닥 감각이 좀 더 또렷하게 느껴지지 않니? 이제 손의 감각에 집중해. 전보다 분명하게 책의 존재를 느낄 수 있을 거야.

어느 곳에 관심을 집중하면, 순간적으로 그쪽 감각이 좀 더 또렷해져. 생각도 마찬가지야. 여러 생각들로 머릿속이 복잡할 때 생각의 초점을 다른 곳으로 모아 봐. 명상은 생각의 초점을 바로잡는 것에서부터 시작돼. 그래야 생각의 굴레에서 빠져 나올 수 있거든.

끊임없이 생각을 만들어 내는 생각 기계에서 벗어나 생각의 흐름을 다스리는 휴식 명상법을 배워 볼까?

준비 단계

● 누구에게도 방해받지 않을 시간과 장소를 선택해. 휴대폰을 끄고, 정신 산만하게 하는 것들도 치워야겠지.

● 시작하기에 앞서 얼마 동안 명상할지 정해야 해. 처음에는 3~5분 정도면 충분해. 익숙해지면 점점 시간을 늘려가 봐. 나에게 맞는 시간을 정하고 나서는 그 시간을 다 채울 때까지 멈춰서는 안 돼.

주의 사항	● 명상하는 동안 숨을 억지로 참지 마. 가장 자연스럽고 편안한 리듬을 찾도록 내버려 둬. ● 명상하는 동안 몸에 신경 쓰지 마. 생각에만 집중해. 이것저것 신경 쓰다 보면, 생각의 초점이 흐려지니까.

① 빈 벽을 앞에 두고 딱딱한 의자를 놔.

② 의자에 앉아 벽을 응시해. 이때 등은 곧게 펴고 어깨에 힘을 빼. 이 자세가 처음에는 좀 불편할지 몰라. 하지만 시간이 지나면 곧 편안해질 거야.

③ 발은 너무 벌어지지 않게 모으고 발바닥은 땅바닥에 똑바로 붙여.

④ 손은 무릎 위에 포개거나 손바닥을 아래로 향하게 해서 허벅지 위에 가지런히 둬.

⑤ 고개를 똑바로 들고 턱을 당겨 목을 곧게 펴.

⑥ 눈을 떠서 45도 아래 벽을 바라봐. 이때 고개를 숙이지 않도록 주의해. 시선만 아래로 내리면 돼.

호흡하면서 명상하기

① 기본 자세를 익혔으면 호흡에 집중해. 이때 호흡을 조절하려 노력하지 마. 그저 자연스럽고 편안하게 호흡해.

② 숨을 들이쉬며 조용히 '하나'를 세고, 숨을 내쉬며 '둘'을 세. 다시 숨을 들이쉬며 셋을 세고, 숨을 내쉬며 넷을 세. 이렇게 열까지 세. 처음에는 5~8분이면 충분해. 타이머를 맞춰 놓으면 호흡에만 집중할 수 있을 거야.

명상을 하면 이런 게 좋아!

내 호흡을 지켜보는 게
신기하고 재미있어.

명상을 하고 나면
크게만 느껴지던 걱정이
작아지는 건 같아.

엄마가 명상하는 방법을 알려 줬어.
스트레스가 꽉 찬 상태에서
벗어나는 법을 배우는 동이야.

어떻게 숨 쉬느냐에 따라
내 기분이 달라진다는 걸
전에는 미처 몰랐어.

정신을 집중하면
마음이 편해진다는 걸
누가 생각했을까?

처음에는 어색했는데
한 달 넘게 하다 보니
몸이 가벼워졌어.

명상을 방해하는 훼방꾼들

명상을 하다 보면 이것저것 불쑥불쑥 끼어들어 마음처럼 잘 안 될 때가 많아. 명상을 방해하는 훼방꾼 때문이지. 우리가 만날 가능성이 높은 훼방꾼들을 알려 줄게.

훼방꾼 1 **반항적인 마음**

네 마음은 생각의 초점을 하나로 맞추려는 시도 자체를 달가워하지 않아. 마음은 그동안 생각·걱정·계획으로 널 정신없게 만들었어. 명상을 하면서 편안한 상태가 되면, 마음은 심란한 생각들을 내보내기 시작해. 다시 네 머릿속을 자기 멋대로 주도하려고 말이야. 자칫하면 너는 심란한 생각에 빠져 숫자를 세고 있다는 것조차 잊어버릴 수도 있어.

훼방꾼 2 **반항적인 몸**

마음과 마찬가지로, 네 몸도 가만히 앉아 있는 게 익숙하지 않을 거야. 그래서 몸도 명상을 방해하려고 별짓을 다 할 거야. 가만히 앉아 있으면, 몸의 어느 부분이 실룩거리고 욱신거리면서 쥐가 날지도 모르지. 하지만 육체적인 감각이 아무리 강력해 보여도, 무시해 버리면 곧 사라져.

훼방꾼 3 　이 세상

　어찌된 일인지 이 세상은 네가 명상하려는 시간과 장소를 아는 것 같아. 명상하는 순간 택배가 오거나 전화벨이 울리고, 누군가 방문을 두드리고, 옆집에선 갑자기 청소기를 돌리지. 모두 짠 것처럼 네가 명상하는 걸 방해하려고 똘똘 뭉친 것 같아. 하지만 이것 또한 물리칠 수 있는 방법이 있어. 날 따라와 봐!

명상 훼방꾼 대처법

마음 때문에, 몸 때문에, 또는 이 세상 때문에 집중이 되지 않는다고 포기하면 호랑이에게 잡아먹힐지도 몰라. 명상 훼방꾼을 물리치려면 또 다른 방법이 필요해.

그게 바로 점진적 근육이완법이야.

말이 어렵지? 그런데 내용은 그렇게 안 어려워. 천천히 단계적으로 몸의 근육을 풀어 주자는 얘기야. 스트레스 받을 때 '긴장되고 초조하다'고 느끼는 건 그저 기분을 말하는 게 아니야. 근육 상태에도 해당돼. 1920년대에 에드먼드 제이콥슨 박사는 의도적으로 근육을 긴장했다가 긴장을 풀어서 편해질 수 있다는 사실을 알아냈어. 이 방법을 점진적 근육이완요법이라고 불러.

이 방법은 정말 간단해. 발부터 머리까지 근육들을 차례대로 긴장시키고 나서 이완하면 돼. 점진적 근육이완요법의 장점은 조용한 곳을 찾아다닐 필요가 없다는 거야. 이 방법을 익히고 나면, 언제 어디서든 고요한 폭풍의 눈으로 들어갈 수 있어.

- 편안한 옷을 입어. 몸에 딱 붙는 옷이나 벨트는 피해. 집중하는 데 방해가 되거든. 신발을 벗는 것도 좋아.

- 편안히 누울 수 있는 장소를 찾아. 이왕이면 조용하고, 아무런 방해도 받지 않는 곳이면 좋겠지?

- 혹시 모를 부상을 막기 위해, 최근에 다쳤거나 경련이 자주 일어나는 곳이 있나 잘 살펴봐.

- 자연스럽고 편안하게 숨을 쉬도록 해. 근육에 어떤 변화가 있는지 집중해. 각각의 근육이 긴장했다 이완되는 걸 느껴 봐.

- 몸의 한 부분을 긴장시키는 동안, 다른 곳은 최대한 편안하게 있어야 해. 훈련하는 부분만 긴장시켜.

실전 단계

① 제일 먼저 다리 근육을 긴장시키고 발가락을 구부린 채 3~5초 동안 그대로 있어. 그리고 1001, 1002 … 1005까지 세. 그러고는 재빨리 다리에 긴장을 빼. 그리고 발가락을 펴고 3~5초 동안 그대로 있어. 이완된 상태, 긴장이 없는 상태를 느껴 봐.

② 다리부터 허리까지 근육을 전부 긴장시켜. 엉덩이도 조여야 해. 이

때 상반신에는 힘을 쫙 빼야 해. 이 상태로 3~5초 동안 긴장을 유지해. 그 뒤엔 재빨리 긴장을 풀어. 긴장할 때와 긴장이 사라졌을 때의 느낌을 확인해 봐.

③ 복근을 긴장시켜. 3~5초간 긴장을 유지한 뒤, 긴장을 풀고, 어떤 느낌인지 확인해 봐.

④ 가슴 근육을 긴장시키고 3~5초간 유지해. 그리고 긴장을 푼 뒤 숨을 내쉬어 봐.

⑤ 어깨를 들어 올려 어깨 근육을 긴장시켜. 3~5초간 그대로 유지해. 이때 어깨 주변에는 힘을 빼고 어깨 근육만 긴장시켜야 해. 3~5초 뒤 어깨에 들어간 힘을 풀면서 어깨를 툭 떨어뜨려.

⑥ 주먹을 쥐어 손에 긴장감을 줘. 3~5초간 가만히 있다가 주먹을 펴고 긴장을 풀어 봐.

⑦ 오른손 손바닥을 위로 꺾는다고 생각하고 오른손을 들어올려 팔을 긴장시켜 봐. 이어서 팔의 윗부분과 아랫부분을 각각 긴장시켜. 이 동작을 3~5초 동안 유지하고 나서 긴장을 풀어. 이어서 왼손도 같은 방법으로 긴장시킨 다음 풀어 봐.

⑧ 고개를 오른쪽으로 휙 돌려 목을 긴장시켜. 이렇게 3~5초간 유지해. 그런 뒤 고개를 정면으로 돌리고 긴장을 풀어. 이번엔 고개를 왼쪽으로 휙 돌려. 그리고 3~5초간 유지해. 다시 고개를 정면으로

돌리고 편안하게 있어. 머리가 바닥에 닿는 무게를 느껴 봐.

⑨ 얼굴에 감각을 집중하고 얼굴 근육을 긴장시켜. 입술을 꼭 붙이고, 코에 주름이 일 정도로 이마를 팽팽하게 하고, 눈을 꼭 감아. 이 자세로 3~5초 있다가 재빨리 긴장을 풀어. 얼굴이 평상시의 상태로 되돌아가는 걸 느껴 봐.

⑩ 마지막으로, 긴장이 남아 있는 부분이 있는지 온몸을 재빨리 살펴 봐. 남아 있는 긴장을 발가락에서 시작해 위쪽으로 밀어 올려 머리 꼭대기 밖으로 버리는 상상을 해. 근육이 풀리고 온몸이 차분해지는 것을 느껴 봐.

⑪ 이제 천천히 심호흡을 해 봐. 한 번, 두 번, 세 번. 눈을 뜨고, 얼굴에 미소를 지은 뒤 일어나 앉아 봐. 한결 기분이 상쾌하지?

이 과정이 꽤 복잡해 보일지도 몰라. 하지만 몇 번 해 보면 15분 안에 이 모든 과정을 할 수 있지. 이 과정을 마치고 나면 호흡과 심장박동이 느려지고, 마음은 편안한 상태로 돌아가.

점진적 근육이완요법을 배워서 연습하면 자신의 몸을 훨씬 더 잘 알게 되고, 늘 차분한 상태에 머물 수 있어. 평상시는 물론이고, 눈에 보이지 않는 호랑이에 둘러싸여 있을 때에도 말이야.

머리가 복잡한 날, 편안한 꿈을 꾸고 싶다면

'꿈'('Reverie L. 68')

이 곡은 프랑스의 유명한 작곡가 드뷔시가 만들었어. 드뷔시는 아름답고 서정적인 음악을 많이 만든 인상주의 음악가야. 이 음악은 꿈을 꾸는 듯한 느낌의 평온한 선율에 꿈결 같은 화음이 특징이지. 편안한 음악을 들으면서 머릿속 소음에서 벗어나 봐.

왁자지껄한 세상을 벗어나 여유로움을 느끼고 싶다면

'like Wind'

어지럽게 오가는 차들, 빽빽하게 들어선 빌딩들. 도시 속에서 생기를 잃어 가고 있다면 아름다운 자연 안에서 쉼을 찾는 건 어때? 지금 당장 숲으로 갈 수 없다면 S.E.N.S의 노래를 들어 봐. Sound, Earth, Nature, Spirit의 첫 글자를 모아서 이름을 만든 이 그룹은 자연의 소리를 음악으로 만드는 데 탁월한 재주가 있어. 이 곡은 S.E.N.S의 대표곡으로 가을바람의 정취가 느껴져. 상쾌한 바람 같은 음악이 네 피로를 말끔히 씻어 줄 거야.

부정적인 생각에서 벗어나고 싶다면

'Music Box Dancer'

예전엔 큰일이 닥쳐도 '괜찮아' 하며 이겨 냈는데 요즘은 무슨 일만 닥치면 부정적인 생각부터 떠오른다고? 그렇다면 희망의 음악을 선사하는 프랭크 밀스의 음악을 들어 봐. 맑고 밝은 선율이 네 안의 잠자는 긍정의 힘을 끌어낼 테니까.

명상은 생각이 아니라 실천하는 거야.
아래 질문에 답하면서 명상 실천 계획을 세워 봐.

✏️ 네 주변에 명상하기 좋은 장소가 있으면 적어 봐.

✏️ 네 하루를 생각해 봐. 언제 명상하면 좋을까?

✏️ 명상을 도와줄 친구를 떠올리고 적어 봐.

자신의 생각을
분명하게 표현하자

우리가 느끼는 스트레스의 상당수는 인간관계에서 시작돼.

예를 들어, 우리는 부모님, 선생님, 또는 친구들이 우리 인생에 너무 심하게 간섭한다고 생각해. 위한다는 이유로 모든 걸 맘대로 결정한다는 생각도 들고. 아니면 가족이나 학교가 네 시간을 빼앗는다고 느낄지도 몰라. 어쩌다 혼자만의 시간이 생긴다 해도, 맘껏 할 수 있는 일은 많지 않아.

이런 상황에서 자신의 생각을 분명하고 당당하게 표현하는 기술을 익힌다면 도움이 될 거야.

자신의 생각을
분명하게 표현하면
지금보다 훨씬 더 행복해질 거야.

사람들은 네가 생각하는 것보다 네 삶에 훨씬 더 많이 참견하고 있어.
애정 어린 조언도 있지만 참견도 있지. 참견하는 사람들은 나이와 경험,
사회적 위치를 이용해 너를 좌지우지하려 할 거야. 이럴 경우, 자기표현
기술을 활용하면 자신을 지키는 데 도움이 돼.

오른쪽에 있는 체크 리스트를 확인해 봐.

'나는 나를 잘 표현하고 있을까?' 체크 리스트	예	아니오
선생님이 나를 불공평하게 대할 때, 선생님께 마음이 불편하다고 말할 수 있어.	☐	☐
친구가 매번 약속 시간에 늦는다면, 그러지 말라고 말할 수 있어.	☐	☐
누군가 나에게 이유 없이 욕을 한다면 왜 그러느냐고 당당히 물어볼 수 있어.	☐	☐
줄을 서 있는데 누군가 새치기를 하면, 끼어들지 말라고 단호하게 말해.	☐	☐
누군가 나에 대해 나쁜 소문을 퍼트린다면, 그 사람한테 직접 따질 거야.	☐	☐
친구가 같이 땡땡이치자고 꼬드기면, 싫다고 말할 수 있어.	☐	☐
부모님이 아무 이유 없이 용돈을 줄일 경우, 우울해하거나 큰소리 내지 않고 부모이랑 차분하게 토론할 수 있어.	☐	☐
누군가 학교에서 나를 괴롭히면, 그 사실을 선생님께 이야기할 수 있어.	☐	☐
친구들이랑 내 의견이 다를 때 내 의견을 말할 수 있어.	☐	☐
친구가 체육복을 빌려 가서 안 돌려줘. 그럼 난 당당하게 돌려 달라고 말할 수 있어.	☐	☐

체크 리스트의 질문들에 대부분 '아니'라고 대답했다면, 자기를 표현하는 방법을 배워 봐. 자기표현 기술은 다른 사람들을 불편하게 하거나 무례하지 않으면서도 자신의 생각과 감정을 솔직하게 드러낼 수 있게 도와줘. 자신에게 무엇이 좋고 나쁜지, 자신이 원하는 게 무엇인지 분명하게 알려 줄 거야.

자기표현이 확실하면,
사람들은 네가 어떤 사람인지, 어떤 생각을 하고
어떻게 느끼는지 알게 돼. 그리고 자기표현은
권리를 보호하는 한 가지 방법이야.

자기표현이 어려운 친구들의 이야기야

난 무슨 말을 하든 무슨 행동을 하든,
항상 다른 사람의 의견이
기준이 되는 게 문제야.
나도 내 생각이라는 게 있다고!

나는 어쩌다
이렇게 눈치를
보게 됐을까?

부모님이
날 좀 더 믿어 주면
내 마음을 좀 더 표현
할 수 있을 것 같아.

사람들이 하는 말이
너무 신경 쓰여서
밤에 잠이 잘 안 와.

내가 원하는 게
뭔지 잘 모르겠어.

가끔씩 내가 이리저리
휩쓸려 다닌다는 느낌이 들어.
다른 사람들이 원하는 대로.

꼭 기억해.
이건 너의 권리야.

1 누구나 자신의 감정과 의견, 원하는 바를 이야기하고 반영할 권리가 있어.

2 누구나 자신의 삶에 영향을 미치는 결정에 참여할 권리가 있어.

3 누구나 "아니", "모르겠는데", "이해가 안 돼"라고 말할 권리가 있어.

4 자신이 완벽하지 않아도, 누구나 자신을 좋아할 권리가 있어.

5 누구나 자신의 권리를 침해하는 행동에 맞설 권리가 있어.

물론 이런 권리에는 책임이 따르지. 예를 들어, 다른 사람들을 난처하게 만들거나 다치게 하면서 자신의 감정을 드러내면 안 되는 거야. 자기표현이 '공격적인 행동'과 같은 뜻은 아니야. 공격적인 행동은 다른 사람들의 감정을 고려하지 않는 것이고, 오히려 사람들을 멀리 내쫓아 버릴 수 있어. 반대로 자기표현을 잘하면 다른 사람들의 감정을 존중하고 인정하면서도 지금 직면한 문제를 잘 다룰 수 있어.

자기표현 공식을 배워 볼까?

자신의 권리를 잊고 살거나 권리에 대한 확신이 없을 경우, 자기를 표현하기가 어려워. 자기 권리도 지키고 다른 사람의 기분도 지켜 주면서 자신을 표현하는 법이 있으니 걱정하지 마. ASSERT(자기표현하기) 공식을 따라 하면 쉽게 네 마음을 표현할 수 있어.

A 주의 환기(Attention)

상대방이 네 말에 귀 기울일 수 있게 말해. 다른 사람과의 관계에서 생겨난 문제를 풀기 위해서는, 우선 그 사람의 관심을 끌어야 해. 정중하게 관심을 끌어내, 뭔가 중요한 이야기를 하려고 한다는 사실을 알려 줘.

S 신속, 단순, 간결(Soon, Simple, Short)

권리가 침해당했다면 신속하게 반응해야 해. 별 반응하지 않고 그때를 놓쳐 버리면 스트레스의 원인이 될 수 있어. 만약 그 상황에서 네가 정말로 흥분해 있어서 나쁜 행동을 할 것 같다면 마음을 가라앉히고 나서 이야기하는 게 좋아. 그 문제에 대해 이야기할 준비가 됐을 때 단순하고 간결하게 네 기분을 설명해.

S 구체적으로(Specific)

상대방이 어떤 행동을 했는지 구체적으로 이야기해. 상황에 대해 설명할 때는, 구체적인 행동에 초점을 맞추는 게 좋아. 너를 불편하게 만든 그 사람의 말이나 행동에 초점을 맞추면 돼.

E 영향(Effect)

그 행동이 나에게 미치는 영향을 이야기해. 그 상황이 너에게 어떤 영향을 미쳤는지 상대방이 이해할 수 있도록 해 줘. 그 행동 때문에 네가 어떤 기분을 느꼈는지 말해 줘.

R 반응(Response)

문제를 해결하는 데 도움이 될 반응이 뭔지 알려 줘. 그 문제를 해결하는 데 있어 네가 상대방에게 어떤 반응을 원하는지 이야기하는 거야. 그럼 상대방은 네 요구에 대해 적절한 답변을 하기 쉬워.

T 조건(Terms)

모든 게 분명해지도록, 다시 한 번 네가 생각하는 내용을 정리해. 마지막으로 구체적인 행동과 네가 원하는 변화에 대해 이야기하고 난 뒤, 상황이 분명해지도록 서로 합의한 조건과 사항을 간단하게 정리해 봐.

자기표현 공식으로는 부족하다고?

이제부터 세 가지 상황을 들려줄게. 자기표현의 기술을 언제, 어떻게 쓰면 좋을지 더 쉽게 이해할 수 있을 거야.

> **상황 1** 학교 복도에서 싸움이 났어. 선생님이 나서서 싸움을 말리고, 싸운 학생들을 교무실로 불렀어. 그런데 선생님이 너도 교무실로 불렀지 뭐야. 너는 싸움에 끼지 않았다고 말했지만, 선생님은 네 말을 믿지 않아.

A 주의 환기 "선생님, 무슨 일이 있었는지 제가 말씀드려도 될까요?"

S 신속, 단순, 간결 "저는 싸움에 끼지 않았어요. 제가 벌을 받는 건 부당하다고 생각합니다."

S 구체적으로 "저는 싸움이 났을 때 그 옆을 지나갔을 뿐이라고요."

E 영향 "제가 하지도 않은 일 때문에 이렇게 수업도 빼먹고 교무실에 불려 와 있다는 사실에 화가 나요. 제가 학교에서 싸움질이나 하는 아이라고 생각하신다니, 마음이 좋지 않아요."

R 반응 "왜 싸움이 붙었는지 제 이야기도 들어 봐 주시겠어요? 저는 처음부터 싸움 현장 바로 옆에 있었기 때문에, 객관적인 상황을 말씀드릴 수 있어요."

T 조건 "감사합니다, 선생님. 제 말을 들어주셔서 정말 감사드려요."

친구와 전화 통화를 하고 있는데, 엄마가 전화를 끊으라고 야단을 치셔. 친구도 그 소리를 들었을 것 같아. 엄마가 이런 식으로 혼내는 게 정말 창피하고 싫어.

A 주의 환기 "엄마, 잠깐 저랑 이야기할 수 있어요? 제가 통화할 때 있었던 일 때문이에요."

S 신속, 단순, 간결 "전화 끊으라고 엄마가 윽박지르시면 전 기분이 나빠요."

S 구체적으로 "친구랑 통화가 길어진다고 해서, 저한테 소리는 지르시지 말았으면 좋겠어요."

E 영향 "엄마가 소리를 지르면, 친구한테도 다 들리잖아요. 정말 창피해요."

R 반응 "좀 다른 방식으로 말씀해 주시면 좋겠어요. 엄마가 손가락 2개를 들어 보이면, 그때부터 2분 안에 끊을게요. 그 정도면 통화를 끝낼 수 있을 것 같아요."

T 조건 "엄마가 소리를 지르시지 않고 손가락 2개를 들어 올리면, 꼭 2분 안에 전화를 끊을게요. 약속해 주셔서 정말 감사드려요."

절친이 축구부에 들어가더니 축구부 아이들하고만 어울려 지내. 몇 주 동안 둘이서 같이 놀지도 못했어.

A 주의 환기 "안녕, 제이크. 시간 좀 내 줄래? 할 얘기가 있어서."

S 신속, 단순, 간결 "네가 축구부에 들어가고 나서, 우리 관계에 문제가 생긴 것 같아."

S 구체적으로 "축구부 아이들하고만 어울려 지내는 것 같고, 나를 봐도 그냥 데면데면하잖아. 너랑 논 게 언제인지도 기억이 안 나."

E 영향 "네가 축구부에 들어가서 좋아. 또 네가 축구부 아이들하고 어울려야 하는 것도 알아. 하지만 우리가 친구로 지낸 시간이 얼마인데, 좀 섭섭하다."

R 반응 "난 너랑 잘 지내고 싶어. 연습이 없는 날에 같이 놀면 안 돼?"

T 조건 "고마워. 여전히 우리 우정이 변함없고, 네가 여전히 나랑 잘 지내고 싶다는 것을 알게 되어 기뻐. 일요일에 보자."

(만약 제이크가 함께 놀 시간이 정말로 없다면, 다른 친구를 사귀어야 할 때가 된 건지도 몰라. 다음 장 '안전망을 짜자'를 읽으면 인간관계를 넓히는 데 도움이 될 거야.)

자기표현 공식이 처음에는 기계적이고 낯설어 보일 수도 있어. 그동안 적극적으로 자기 감정을 표현하지 않았다면 자기표현 공식을 따라 하는 게 어려울 수 있지. 하지만 꾸준히 연습하다 보면 점점 자연스러워질 거야. 하지만 어떤 사람에게는 통하지 않을 수 있어. 술 취한 사람 혹은 화가 많이 난 사람에겐 이 방법이 역효과를 낼 수도 있어. 그럴 땐 그 상황을 벗어나는 게 좋아. 자기표현 공식을 활용할 때는 상대방이 네 말을 들어줄 준비가 됐는지 판단하는 게 중요해.

너를 적극적으로 표현하는 일은 꼭 필요해.
왜냐하면 네가 가치 있는 사람이란 걸 깨닫게 해 주거든.

네가 무엇을 원하는지 다른 사람들에게 당당하게 표현할 때, 사람들로부터 존중을 받게 되고 네가 원하는 것을 얻을 수 있을 거야. 자기표현의 공식을 활용하면 이렇게 말하는 것과 같아.

"나는 우리 관계가 좋아지고, 우리 둘 모두 행복했으면 좋겠어. 그래서 어렵지만 용기를 내서 이야기하는 거야."

자신의 감정을 긍정적이고 분명하게 표현하면
안전밸브가 생겨.
부정적 감정의 압력에서 벗어나,
'끓는점'(분노를 억제할 수 있는 한계점)에 이르지 않도록 해 주는 거지.

'끓는점'이라는 말 들어 봤지? 냄비에 물을 담아 불 위에 올려놓으면 물이 점점 뜨거워지다가 바글바글 끓기 시작하잖아. 순수한 물은 100℃에서 끓어. 99℃까지는 뜨겁기는 해도 끓지는 않거든. 우리 마음도 비슷해. 어느 순간까지는 화가 나거나 초조해도 참을 수가 있는데, 딱 어떤 시점을 넘어가면 더 이상 못 견디고 빵 터지게 되거든.

자기 감정을 잘 표현하면 본인 스스로에 대해 더 잘 이해할 수 있고, 인생에서 원하는 것을 더 많이 얻을 수 있고 삶이 점점 행복해져.

마음이 상해서 슬플 때가 있을 거야.
그럴 때 상대에게 솔직하게 마음을 털어놓을 수 있어?
조금 어려워도 아래 질문들을 통해 네 마음을 표현해 봐.

첫마디를 어떻게 시작하는 게 좋을까?

_____

_____

_____

상대방에게 간결하고 단순하게 네 감정을 얘기해 봐.

_____

_____

_____

너를 불편하게 했던 상대방의 행동을 정확하게 말해 봐.

_____

_____

_____

_____

✏️ 상대방의 행동이 너에게 어떤 영향을 주는지 적어 봐.

_____

_____

_____

✏️ 상대방이 나에게 어떻게 해 주면 좋을까?

_____

_____

_____

✏️ 서로 협의한 조건과 사항을 정리해 봐.

_____

_____

_____

이렇게 자신을 표현하다 보면 사람들이 앞으로 너를 더 존중하고 진심으로 대하게 될 거야. 용기를 내. 화이팅!

인간관계 안전망을 짜자

어떤 문제 때문에 힘들어서 혼자 끙끙댔던 적 있지?
다른 사람을 걱정시키고 싶지 않았거나,
다른 사람들이 너를 무시할까 봐 그랬을 수도 있어.

우린 뭐든 혼자서 척척 해내고, 강인하고, 역경을 당당히 헤쳐 나가고 싶어해. 하지만 흔들리는 자신의 모습을 보이는 것을 두려워하다 보면, 누군가의 도움을 받지 못하게 될 수도 있어.

살다 보면 우리가 슈퍼 영웅이 되어야 할 것 같은 때가 있지. 이 복잡한 상황을 풀 수 있는 사람은 오직 자기밖에 없다는 생각이 드는 거야. 혼자서 온갖 문제들을 다 해결해야 하고, 그렇게 못 하면 왠지 나한테 문제가 있는 것 같아.

안타깝게도, 이런 생각은 스트레스를 만들어 내고 일상을 무기력하게 만들어. 널 격려해 주는 사람들은 꼭 필요해. 사람들의 든든한 지원은 실제로 우리 건강에도 영향을 미쳐. 자신을 걱정해 주는 친구와 가족들과 함께 이야기하는 시간은 실제로 스트레스를 줄여 준다고 해.

이번 장에서는 너를 든든하게 지지해 줄 수 있는 안전망 짜기에 대해 알아볼 거야.

가족과 친구는
문제가 닥쳤을 때 네가 쓰러지지 않게
붙잡아 주는 지지대야.

너를 아끼는 사람들과의 관계는 네 삶에 안전망을 쳐 줘. 마치 서커스에서 고공 줄타기를 하는 사람 밑에 깔아 둔 안전 그물과 같지. 줄 타는 사람은 안전망이 있다는 사실을 알기에, 위험을 감수하고 새로운 일을 시도해 볼 용기를 내. 인생이란 줄 위에서 위태롭게 걸어갈 때, 너를 위하는 사람들이 네가 줄에서 떨어지더라도 잡아 준다는 사실을 알고 있는 건 굉장한 힘이 돼.

그런데 인간관계 안전망은 저절로 생기지 않아. 관계 안전망은 오랜 시간 노력해서 단단하게 짜야 해. 그런데 안전망을 짜는 건 우리 스스로가 다른 사람에게 도움을 주는 사람이 되면서 시작돼. 친구나 가족들이 침울해 하거나 도움을 필요로 할 때, 그 사람들을 격려하다 보면 믿음이 쌓여. 네가 믿고 의지할 수 있는 사람이라는 것을 보여 줄 때, 사람들은 네 곁에 머물면서 도움을 줄 거야.

인간관계 안전망을 촘촘하게 짠 친구들의 이야기야

날 위해서라면
간이라도 빼 줄 친구가 있어.
둘도 없는 절친이지.
그 친구가 없었다면
지금의 나도 없을 거야.

우리 가족과 친구들은
나를 100퍼센트 믿어 줘.
내가 실수를 하면
바로 알려 주고.

문제가 생기면
언제든 할머니한테 달려가.
다른 사람들은 이해하지 못해도,
할머니만큼은 날 잘
이해해 주시거든.

나 혼자 다 잘해내야 한다는 생각을
많이 했는데 잘못된 생각이었어.
사람들의 도움을 받는 건
용기 있는 결정이야.

담임선생님께
친구관계 때문에 도움을 구했는데
어렵게만 느껴지던 문제가
정말 쉽게 풀렸어.

인간관계는 자신에게서 시작하는 거야.

아래 체크 리스트를 통해 너를 들여다봐.

'남에 대한 배려일까, 나에 대한 압박일까?' 체크 리스트	예	아니오
앞에 나서야 한다고 느끼거나 너보다 다른 사람들을 만족시키려고 노력하는 편이야?		
일이 진행이 잘 안 되는데도, 남들한테는 문제없이 잘되고 있다고 말하는 편이야?		
다른 사람들 생각하느라 네 솔직한 상태와 감정을 다르게 표현하는 편이야?		
위기에 처했을 때, 주변 사람들이 정말 니를 도와줄지 의문이 들어?		
난처한 상황에 처했을 때, 혼자서 해결해 나가야 한다고 생각해?		

만약 '예'라는 답변이 2개가 넘는다면 다시 생각해 봐.

남에 대한 배려가 아니라 눈치를 보고 있는 거거든. 남에게 쏟았던 관심을 좀 줄이고 자신의 마음의 소리에 귀를 기울여. 자신을 잘 챙겨야 다른 사람들과도 좋은 관계를 맺을 수 있어.

인간관계는
다섯 단계로 나눌 수 있어.

네가 알고 있는 사람들에 대해 잠시 생각해 봐. 네가 필요로 할 때 도와
주러 올 사람들이 있어?

이제부터 인간관계를 점수로 나타내 볼 텐데 그러려면 먼저 그 사람을
얼마나 믿는지부터 따져 봐야 해. 신뢰도는 아래처럼 표현할 수 있어. 네
주변에 있는 사람들의 점수를 매겨 봐.

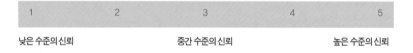

1	2	3	4	5
낮은 수준의 신뢰		중간 수준의 신뢰		높은 수준의 신뢰

내가 그 사람을 얼마나 신뢰하는지 알려면 그 사람과 어떤 이야기를 주
고받는지를 살펴보면 돼. 넌 사람들과 무슨 이야기를 주로 하니? 그리고
그 사람들은 너한테 어떤 이야기를 하니? 다음 페이지의 대화를 보면서
네 인간관계를 생각해 봐.

"토요일 밤에 야구 경기가 열려."

"이번 주 금요일에 수학 시험이 있어."

"이번 주는 날씨 좋다던데."

1단계 인간관계에서는 확실한 '사실'만 말해. 말하기에 부담 없고 위험도 없는, 개인적인 감정이 전혀 섞이지 않은 사실만 나누는 거지. 뉴스나 날씨 이야기가 대표적이야. 대화를 나누는 사람들에 대한 이야기가 아니기 때문에 누구와도 할 수 있는 이야기지.

2단계　**"누가 그러는데···."** ···· 다른 사람에 대해 말하는 사이

"데비한테 새 남친 생겼다며?"

"새로 온 수학 선생님 엄청 무섭대."

"폴이 그러는데, 그 영화 완전 재밌대."

2단계의 대화는 가십거리 혹은 남 이야기인 경우가 많아. 2단계도 대화하기에 안전한 영역이야. 대화가 주로 다른 사람이 한 이야기로 채워지니까 말하는 사람은 책임이 없지. 2단계 대화에서도 말하는 사람이 전면에 드러나지 않아. 대신, 너는 누가 어디서 듣고, 읽고, 어딘가에서 본 것을 들

려주는 리포터 역할을 해. 상대는 네가 어떻게 생각하고 어떻게 느끼는지 몰라. 상대방과 의견이 맞지 않거나 제안이 거절당할 위험이 전혀 없지.

3단계 "내 생각엔…." ●●● 생각을 나누는 사이

"저 노래 끔찍해."

"술 마시는 건 멍청한 짓이야."

"학교 돌아가는 꼴이 가관이다. 우리라도 나서서 한마디 해야 하는 거 아냐?"

3단계 대화부터 위험 부담과 함께 신뢰가 생기기 시작해. 생각을 말하면서 자신을 드러내기 시작하는 거지. 네가 어떤 걸 좋아하고 어떤 걸 싫어하는지 말하기 때문에 위험 요소가 있어. 반대 의견에 부딪칠 수 있고 상대방에게 거부당할 수도 있지. 그런 반면 유대감을 공유하고 있기 때문에 우정을 돈독하게 할 기회도 생겨.

4단계 "내 솔직한 심정은…." ●●● 감정을 나누는 사이

"부모님이 이혼했어. 내 뜻과 상관없이 맘대로 우리 가정을 산산조각 냈다는 사실이 화가 나고 끔찍해."

"우리 엄마가 원하던 직장에 취직했어. 정말 기뻐."

"수학 시험 망쳤어. 어디 소리 지를 데 없을까?"

4단계 대화에서는 진심이 드러나고 서로의 감정을 나눠. 예를 들어, 남자 친구와 헤어진 친구가 네 앞에서 울고 있어. 넌 친구의 감정을 이해하려 노력하고 위로해 주려 하지. 4단계 대화에서는 서로 신뢰가 필요해. 감정을 나누는 사람이 널 웃음거리로 만들거나 널 떠나지 않을 거란 확신이 있어야 감정을 털어놓게 되거든. 이 단계에서 사람들은 진정한 관계를 맺고 견고한 우정을 만들지.

5단계 **"난 너에 대해 이렇게 생각해."** ··· 신뢰를 나누는 사이

"베카가 나를 괴롭힐 때 나를 위해 나서 준 거, 정말 고마워. 넌 정말 좋은 친구야. 널 알게 된 건 정말 행운이야."
"네가 이사를 간다니, 정말 슬프다. 그래도 우리 끝까지 연락했으면 좋겠어."
"요 며칠 동안 네가 우울해 보여서 정말 걱정했어. 무슨 일이 있는 건 아닌가 덜컥 겁이 나더라고."

5단계는 4단계의 확장이라 할 수 있어. 이 단계에서 우리는 자신의 감정을 상대방과 깊이 공유해. 사랑, 상처, 좌절, 행복 등 둘 사이에 진행되고 있는 모든 감정을 다 공유하지. 그러다 보면 대화가 힘들 수도 있지만, 오히려 둘 사이의 관계가 끈끈해질 수 있어. 껄끄럽던 친구와 허심탄회하게 서로 이야기해서 앙금을 풀었을 때를 생각해 봐. 둘 사이가 이전보다 훨씬 더 가까워졌다는 걸 느꼈을 거야. 5단계 인간관계는 가장 큰 위험 부담이

있는 만큼, 서로 간에 깊은 신뢰가 쌓여.

5단계 관계는 저절로 만들어지지 않아. 다른 사람에게 이런 관계를 맺자고 조를 수도 없어. 서로 간에 이해하려는 노력이 있을 때 둘의 관계가 끈끈해지고 가까워지는 거지.

4단계 관계, 즉 감정을 나누는 사이에서 함께 충분한 시간을 보내고 신뢰를 두텁게 쌓는다면 5단계로 올라갈 가능성이 커.

내 인간관계도 그리기

이제 자신에게 인간관계 신뢰도를 적용해 볼 거야. 아래 표에 떠오르는 사람들을 적어 봐. 네가 힘들 때 의지할 친구는 누구니?

인간관계 신뢰도	1단계	2단계	3단계	4단계	5단계
나누는 대화	그런 일이 있대	누가 그러는데~	내 생각엔~	내 솔직한 심정은~	난 너에 대해 이렇게 생각해
떠오르는 사람					

이제 우리는
인간관계 지도를 갖게 된 거야.

1, 2단계에 해당하는 사람들이 많다고 좌절할 거 없어. 대부분 1, 2단계가 많으니까. 친해지고 싶은 사람이 있으면 마음을 열고 더 가까이 다가가 봐. 지금보다 훨씬 튼튼한 인간관계 안전망을 짤 수 있을 거야. 지금 어떤 상태이든, 이 지도는 현재 안전망의 상태를 알려 줄 뿐만 아니라 더 탄탄하게 만들고 싶은 인간관계를 확인할 수 있게 해 줘.

인간관계를 전부 5단계로 바꿀 필요는 없어. 삶에는 각 단계에 맞는 사람들이 필요한 법이니까. 함께 놀러 다니면 재미있는 친구, 짜증날 때 수다 떠는 친구, 여러 가지 유익한 정보를 주는 친구, 새로운 도전으로 이끄는 친구…. 알고 있는 모든 사람들과 친하게 지내는 건 무리야. 많은 사람들과 깊은 교류를 나누는 건 지치는 일이거든. 강력한 안전망은 우리가 위기에 빠졌을 때 도와줄 수 있는 4단계와 5단계에 해당하는 소수의 사람들을 통해 만들어 나가는 거야.

확실히 믿고 의지할 수 있는 사람이 있다는 사실을 알게 되면, 눈에 보이지 않는 호랑이와 맞서 싸울 힘이 생겨.

친구 사귀는 법

친해지고 싶은 사람이 있을 때 어떻게 다가가는 것이 좋을까? 그 사람에게 이렇게 말한다면?

"우리는 인간관계 2단계 정도에 있는 것 같아. 난 우리 사이가 4단계나 5단계 정도까지 깊어지면 좋겠는데. 네 속마음을 나한테 말해 줄래?"

어쩌면 상대방은 부담감 때문에 도망갈지도 몰라. 너를 미쳤다고 생각할 수도 있지. 여기 좋은 방법이 있어. 친해지고 싶은 사람한테 이 방법을 써 봐. 부쩍 가까워지게 될걸?

1 함께 시간을 보내자.

뻔해 보인다고? 하지만 함께하는 시간 없이 유대감은 생기지 않아. 방과 후에 함께 영화를 보러 가거나 같이 숙제를 하는 건 어때? 함께 시간을 보내고 관심사를 공유하다 보면, 전보다 훨씬 더 가까워질 거야.

2 정직하게 대하자.

믿음은 정직에서부터 시작돼. 만약 누군가가 너에게 거짓말과 핑계만 늘어놓는다면 우정은 둘째 치고 믿음이 안 갈 거야. 친구들과의 관계에서도 마찬가지야. 거짓말은 인간관계를 망가뜨릴 확률이 높아.

3 상대방의 관심사에 관심을 보이자.

상대방의 관심사가 뭔지 알고 있니? 모르겠다면 지금부터 관찰해 봐. 그리고 그 사람이 좋아할 만한 주제로 말을 걸어 봐. 그 사람은 관심을 보인 너에게 좋은 감정을 느낄 거야.

4 상대방의 입장을 생각하자.

거들먹대는 사람은 친구를 잘 사귀지 못해. 너라면 너한테 이것저것 명령하거나, 불편하게 만드는 사람과 어울리고 싶겠니? 분명 아닐 거야. 만약 상대방에게 네 뜻을 강요하고 싶은 마음이 든다면, 잠시 멈춰 서서 상대방의 입장을 생각해 봐. 상대방을 배려할 때 진정한 우정이 시작되거든.

5 상대방의 말을 잘 들어 주자.

사람들에게 나에 대한 이야기를 하는 건 좋아. 자신의 생각, 감정, 관심사를 나누면 공감대를 쉽게 형성할 수 있거든. 하지만 간혹, 이런 이야기를 지나치게 많이 하는 사람들이 있어. 세상이 자기 중심으로 돌고 있다고 생각하는 사람들이지. 그 사람은 나름대로 너에게 최선을 다하고 있지만, 너는 그 사람의 시시콜콜한 이야기를 듣느라 지겨워 죽을지도 몰라. 자신에 대한 이야기를 나누는 것은 좋지만, 다른 사람들의 말을 경청하는 것도 무척 중요해. 멋진 친구 관계란 서로 공평하게 이야기와 감정을 공유하는 관계라는 사실, 잊지 마.

6 도움을 주자.

누군가 힘든 상황에 있을 때 함께 수다를 떨거나 격려의 말 한마디를 건네는 것만으로도 큰 힘이 될 수 있어. 친절한 도움은 좋은 감정을 불러일으켜. 자기를 도와주겠다는 사람 싫어하는 사람 본 적 없지? 그 사람이 어떤 기분인지 네가 알고 있고 돕고 싶다는 몸짓을 보여 주면 그 사람과 더 가까워질 거야.

책 『 우정 지속의 법칙』

설흔 지음

관계 맺기에 서툰 삼촌과 중학생 조카가 나눈 이야기를 통해 진짜 우정을 나누는 비법 11가지를 들려주는 책이야. 삼촌은 조카에게 우리나라 역사 속 인물들이 우정을 나눴던 일화들을 이야기해 주면서 참된 우정을 키우고 지키는 법을 알려 줘. 친해지고 싶은 아이와 친구가 되는 법부터 우정을 견고하게 만들어 가는 법, 갈등이 생겼을 때해결하는 법, 오랜 우정을 지속하는 법까지 친구 사이에서 일어나는모든 일을 담고 있지. 조금씩 성장하는 등장인물처럼 너 역시 우정에대한 자신만의 가치관을 세우게 될 거야.

영화 〈써니〉

친구들끼리 "우리 20년 뒤에는 어떤 모습일까? 그때도 서로에게 힘을 주는 친구겠지?"라는 이야기를 나눠 봤다면 이 영화를 강력 추천해. 영화를 보는 내내 웃음이 떠나지 않고 영화가 끝난 후엔 곁에 있는 친구가 더 소중히 느껴질 테니까. 영화는 빛나는 학창 시절을 함께한 일곱 친구들이 25년 만에 다시 모여 학창 시절의 기쁜 순간들을 되찾는다는 이야기를 담고 있어.

어리바리하지만 씩씩한 전학생 나미, 의리짱 춘화, 쌍꺼풀 추종자 장미, 괴력의 문학소녀 금옥, 얼음공주 수지, 욕쟁이 진희, 사차원 복희. 개성 넘치는 친구들이 그려 내는 아름다운 시간들 속에서 네 모습과 친구들의 모습을 발견할 수 있을 거야. 꿈이 있기에, 함께 있기에 빛나는 우리의 학창 시절. 25년 후 우리들은 어디에서 무엇을 하며 살고 있을까?

✏ 친해지고 싶은 사람이 있니? 있다면 그 친구에 대해 적어 봐.

이름 :

사는 곳 :

취미 :

관심사 :

싫어하는 것 :

✏ 그 친구에게 다가가려면 어떻게 하는 게 좋을까? 그 친구의 취미와 관심사를 써 보면서 궁리해 봐.

_____

_____

_____

_____

✏ 그 친구가 요즘 힘들어한다면 어떻게 힘이 되어 줄 수 있을까?

_____

_____

_____

_____

자기 삶의 주인공이 되자

내 인생을 누군가
조종하고 있다고 느낀 적 있니?

누군가의 아바타가 된 것처럼 내 뜻과 상관없이 내 인생이 제멋대로 굴러간다고 생각한 적은? 스트레스를 지나치게 많이 받다 보면, 좌절감 때문에 인생의 주도권을 놓아 버리는 경우가 많아. 자기가 뭘 하고 싶은지 생각하지도 않고 말이야. 만약 이렇게 생각하고 있다면, 넌 네 인생에서 감독이 아니라 배우로 살 가능성이 커. 감독의 지시를 따르는 배우에 불과한 거지.

자기 뜻대로 살지 못하거나 자기 인생이 앞으로 어떻게 흘러갈지 헷갈리면, 엄청난 스트레스를 받게 돼. 인생이 네가 원하지 않는 방향으로 가고 있다면, 당장 목표를 분명하게 정해. 그래야 다시 네가 인생의 '감독 자리'에 앉을 수 있어.

결국 네 인생이잖아. 멋지게 만들지 않을 이유가 뭐가 있겠어?

내 인생의 목표는?
그 목표를 이루기 위해 뭘 하고 있지?

이런 질문들에 당장 대답하기는 어려워. 많은 고민이 필요하니까. 수많은 사람들이 이런 질문 자체를 피하려고 하지. 하지만 목표 없이 인생을 사는 것은 눈을 감고 뛰는 거랑 똑같아. 이제 눈을 뜨고 자기 인생에 대해 생각해. 인생의 주인으로 산다는 건 인생의 각본을 다른 누구에게 넘기지 않고 너 스스로 쓰는 거야.

인생의 각본을 쓸 때 자신이 이루고
싶은 일을 생각해 봐.

가까운 미래에 이룰 수 있는 일도 있고(예를 들면 밴드부에 들어가는 것) 오랜 시간을 두고 이룰 수 있는 일도 있어(예를 들면 어느 대학 무슨 학과에 입학하는 것). 크든 작든 목표를 정하면, 동기부여가 되고 그 목표를 성취하는 데 큰 도움이 돼. 그리고 스트레스를 줄일 수 있어. 목표 달성 일기를 쓰는 것도 좋아. 일기를 써내려 가면서 너 자신을 다독여 봐.

목표를 정하는 게 어렵니?

그러면, 아래 질문을 활용해 봐.

1 나의 관심과 재능은?

사람들은 자신이 좋아하는 일이나 잘하는 일을 할 때 행복해. 넌 뭘 할 때 행복하니? 자신의 관심, 능력을 생각하면서 목표를 정해 봐.

2 난 무엇으로 사람들에게 인정받고 싶을까?

내가 한 일로 사람들에게 칭찬받으면 으쓱하기도 하고 기분이 좋아져. 난 무엇으로 사람들에게 인정받고 싶을까?

3 나에게 가장 중요한 건 뭘까?

내가 의미 있다고 생각하는 일을 하면 만족감을 느낄 수 있어. 난 어디에 큰 의미를 두고 있을까?

4 내 영웅은 누구일까?

자신이 존경하는 사람은 꿈으로 가는 길을 열어 줘. 네 영웅을 떠올려 봐. 그 사람의 어떤 점 때문에 네가 우러러보는 걸까? 그 영웅이 왜 너에게 중요한지 생각해 봐. 그 사람의 성공을 어떻게 적용하고 싶니?

5 내가 살고 싶은 곳은?

네가 사는 곳은 꿈을 이룰 수 있는 기회와 밀접한 관련이 있어. 네가 살고 싶은 꿈의 장소를 떠올려 보고, 그곳에서 어떻게 네 목표를 이룰 수 있을지 생각해 봐.

6 내가 무엇이든 할 수 있다면, 나는 뭘 하게 될까?

벌써부터 네 꿈의 한계를 정하지 마. 시간과 돈, 필요한 모든 걸 갖추고 있다면 넌 뭘 하고 싶니?

이런 질문에 대답하다 보면 장기적인 목표를 설정하는 데 도움이 될 거야. 이런 목표들을 세우고 이루려고 노력하면 자기 만족감을 느끼고 미래에 대한 불안감도 많이 줄일 수 있어.

목표를 찾은 친구들의 이야기야~

요리사가 되는 게 꿈인데
일주일 안에 하나씩 메뉴를 개발하
고 있어. 생각보다 힘들지 않고
잘해내고 있는 것 같아.

난 리듬감을 타고났어.
힙합 무대에 서는 게 꿈이야.
어쩌면 음반 계약도
하낼 수 있을지 몰라.

난 글쓰기에 소질이 있어.
내게 글쓰기는 숨 쉬기와 같아.
글을 쓰지 못한다면
인생이 끔찍할 거야.

난 지구온난화가 정말 걱정돼.
환경을 공부하면서 기후변화에 대해
많은 것을 알게 됐지.
난 언젠가 지구를 위해
큰일을 할 거야.

지구에서 사는 건 내 꿈이 아니야.
지구에서의 삶을 싫어해서가 아니야.
난 우주 여행자가 꿈이야. 10년 뒤에 난
우주 정거장에서 살고 싶어.

목표를 정하고 나서 뭘 해야 하지?

목표를 정하는 건 중요하지만, 그건 첫 단추를 끼우는 작업일 뿐이야. 자신이 원하는 모습이 되기까지 단계마다 작은 목표를 세우는 게 더 중요해. 커다란 도전들을 잘게 나눠서 한 걸음씩 올라가는 거지. 한 번에 이뤄지는 꿈은 없어. 영화도 한 장면, 한 장면이 이어져서 큰 이야기를 만들어 내잖아.

작은 목표를 세우려면 다섯 단계가 필요해.

1 목표를 구체적으로 적어 봐.

목표는 구체적인 게 좋아. 목표가 구체적이지 않으면 추진력이 생기지 않거든. '다이어트'라고 적는 것보다 '3달 안에 3킬로그램 빼기'가 훨씬 구체적이야.

2 목표에 도달하기 위한 단계들을 짜 봐.

구체적인 목표를 작게 나눠 봐. 비교적 손쉽게 할 수 있는 일로 정하는 게 좋아. 한 번에 이뤄 내기 벅찬 목표를 세우면 좌절하거나 포기하기 쉽거든.

3 장애물을 적어 봐. 그 장애물을 해결할 방법도 생각해 보고.

장애물을 만나면 많은 사람들이 지레 겁먹고 포기해 버려. 앞으로 일어날 수 있는 모든 문제들을 생각해 보고, 그 문제가 일어나기 전에 해결책을 생각해 두면 어떨까? 목표를 이루는 데 큰 도움이 될 거야.

4 목표를 이루는 데 필요한 지원군을 적어 봐.

도움이 되는 정보는 어디서 얻을 수 있을까? 관련 책이나 웹사이트가 있을까? 그 분야의 전문성을 갖춘 동아리는 어때? 목표와 관련된 정보와 도움을 얻을 수 있는 곳이 어디에 있는지 찾아보는 게 좋아.

5 중간 점검을 해 봐.

목표 달성 과정을 기록하는 건 중요해. 이걸 소홀하게 여기면 딴 길로 가거나 엉뚱한 일을 하고 있어도 모를 확률이 크거든. 목표 달성 과정을 기록하면 동기부여가 되고 자신감도 많이 생길 거야.

이제 배운 걸 행동으로 옮겨 봐.

아래 과정을 활용하면 목표를 달성하기 위한 윤곽을 짤 수 있을 거야.

✓ **목표를 구체적으로 적어 봐.**

ex) 난 대학에서 웹사이트 계발을 공부하고 싶어. 고등학교 3학년 때 컴퓨터 자격증을 딸 거야.

✓ **목표에 도달하기 위한 단계들을 짜 봐.**

ex) ① 학교 웹사이트 관리부에 지원할 거야.
　　② 컴퓨터 동아리에 들어가 웹사이트 프로젝트를 진행할 거야.
　　③ 홈페이지나 블로그를 만들어 내 포트폴리오로 활용해야지.

장애물을 적어 봐. 그 해결책도 생각해 보고.

ex〉 ① 학교 웹사이트 관리부에 지원했는데 떨어졌어.
    - 웹디자이너로 일하는 선배에게 일을 배울 수 있는지 물어봐야지.
    ② 컴퓨터 동아리가 없어. - 내가 동아리를 만들면 돼.
    ③ 홈페이지나 블로그를 만드는 법을 제대로 몰라.
    - 관련 책을 찾아보고 컴퓨터 반 선생님께 도움을 받을 거야.

목표를 이루는 데 필요한 지원군은?

ex〉 ① 컴퓨터 반 선생님
    ② 컴퓨터 광인 친구들
    ③ 컴퓨터 관련 잡지와 책

목표를 향해 잘 가고 있는지 중간 점검을 해 봐.

ex〉 ① 나는 학교 웹사이트를 관리하고 있어.
　　 ② 나는 컴퓨터 동아리에서 활동하고 있어.
　　 ③ 나는 내 홈페이지와 블로그를 운영하고 있어.

크든 작든
목표를 이루는 과정은 시간이 걸려.

힘든 시간을 이겨 내고 목표에 매진할 수 있게 도와주는 것이 구체적인 계획이야. 계획이 없다면, 네가 꿈꾸는 인생은 한낱 백일몽에 불과해. 언젠가 잠에서 깨어나, 원하지 않는 곳에 있는 널 발견하게 될지도 몰라.

목표를 향해 나아갈 때, 인생이라는 영화는 점점 더 좋은 방향으로 진행돼. 그렇다고 한번 세운 목표를 무슨 일이 있어도 꼭 이뤄야 하는 건 아니야. 자신의 상태나 우선 순위가 달라지면 대본을 수정하고 새로운 목표를 향해 매진해야겠지. 노트에 네 목표와 이뤄 낸 부분을 구체적으로 적어봐. 그럼 네가 얼만큼 성장했는지 확인할 수 있어. 목표 설정은 꿈을 이루기 위해서뿐만 아니라 스트레스를 줄이기 위해서도 필요한 과정이야.

지금 네가 어디를 향해 가는지 알고 그 길을 즐길 때, 불안이 사라지고 평온한 마음을 유지할 수 있어. 또한 네가 인생의 주인공이라고 느낄 것이고, 목표를 이루는 과정에서 오는 기쁨, 만족, 자부심을 느낄 수 있을 거야.

우리는 모두 자기 인생을 최고의 영화로 만들고 있는 중이라고!

영화 〈밀리언달러 베이비〉

살면서 간절히 원하는게 있었어? 원하는 걸 얻기 위해 치열하게 도전했던 적은? 없었더라도 절망하지 마. 〈밀리언달러 베이비〉를 보면서 용기를 얻을 수 있을 거야.

식당에서 웨이트리스로 일하고 손님들이 먹다 남긴 음식을 먹으며 살아가는 31살 여자 복서 지망생 매기는 무작정 체육관에 찾아가. 복싱 트레이너 프랭키는 그녀를 보고 복싱을 하기엔 나이가 너무 많다며 매몰차게 보내지만 그녀는 자신이 할 수 있는 일 중에 가장 좋아하는 일이 복싱이라며 매일 체육관에 나와 혼자 연습을 해. 결국 그녀의 노력에 감동한 프랭키는 그녀의 트레이너가 되기로 결심하고 그녀가 복싱 챔피언이 될 수 있도록 도와. 이 영화는 삶을 지탱해 주는 꿈에 대해 이야기해. 꿈을 찾을 수 있는 기회를 놓치지 마.

영화 〈빌리 엘리어트〉

네 꿈이 현실에 막혀 있다면, 혹은 네 꿈이 부모님이 원하는 방향과 맞지 않아 어려움을 겪고 있다면 이 영화를 추천해. 주인공 빌리는 영국 탄광촌에서 사는 11살 소년이야. 광부인 아버지와 형은 오랜 파업으로 경제적 어려움을 겪고 있고 빌리는 무너진 집안을 일으켜 세우기 위해 권투를 배워. 가족의 바람과 달리 권투에 소질이 없는 빌리는 발레에 흥미를 느끼게 되고 '발레리노'를 꿈꿔.

남자답기를 강요하는 아버지에게 빌리는 위축되지 않고 자신의 발레를 선보이고, 아들의 재능을 알아챈 아버지는 아들만큼은 탄광 속에 파묻히지 않도록 가진 모든 걸 빌리에게 쏟아붓지. 빌리의 꿈 분투기를 보면서 생각해 봐, 과연 나는 내 꿈에 부끄럽지 않게 하루를 살고 있는지.

꿈을 이룬 너를 상상하면서 미래의 자랑스러운 너에게 편지를 써 봐.
마음이 흔들릴 때 이 편지를 보면 힘이 날 거야.

시간을 내 편으로 만들자

토요일 아침,
눈을 떠 보니 새파란 하늘이
정말 예술이야.

놀이공원에 가서 신나게 놀았으면 좋겠다는 생각이 절로 들어. 그 순간 해야 할 일이 번뜩 떠올랐어. 엄마 생일이 내일인데 아직 선물도 못 정한 거야. 또 다음 주 금요일이면 사회 수행평가인데, 아직 발표 주제도 못 정하고 자료 조사도 못 했어. 게다가 설상가상, 숙제까지 밀려 있지. 월요일에는 수학 쪽지 시험이 있고. 그뿐인가, 아끼던 바지도 수선해야 해. 우리집 강아지가 바지를 물어뜯어 버렸거든. 이러니 어찌 놀이공원에 갈 수 있겠어!

이 모든 걸 오늘 안에 다 해낼 수 있을까? 시간이 턱없이 부족한 것 같지 않아? 이렇게 산더미처럼 쌓인 일 때문에 압박을 느낀다면, 너를 압박하는 스트레스와 맞서 싸울 수 있는 기술을 알려 주지.

바로 '시간 관리 기술'이야!

시간 관리가 필요한 친구들이야

계획한 대로 해내고 싶은데
방법을 모르겠어.
어떻게 하면 돋지?

하는 건 없이 시간만 가.
어떻게 해야 할지 모르겠어.

해야 할 일이
산더미야.
뭐부터 해야 할지
잘 모르겠어.

흥텅망텅 노는 건도 아닌데
왜 숙제할 시간이 없을까?

나한테만 시간이
부족하게 배당이 됐나 봐.
늘 마감에 쫓겨.

미루는 습관을
어떻게 하면
고칠 수 있을까?

동요한 일부터 해야 하는데
늘 급한 일부터 하게 돼.

시간 관리를 하면 뭐가 좋을까?

시간 관리 기술은 주도적으로 일을 할 수 있도록, 스케줄을 스스로 정할 수 있도록 도와줘. 아무리 일이 많다 하더라도 시간 관리만 잘하면 얼마든지 해낼 수 있어.

혹시 잠자는 시간을 줄이면 부족한 시간을 메꿀 수 있을 거라 생각해? 언뜻 생각하면 그럴 수 있을 것 같지만 사실은 그렇지 않아. 전문가들은 청소년이 하루에 9시간에서 10시간 정도 자는 게 적당하다고 해. 잠을 충분히 못 자면 무기력하고 스트레스가 쌓이고 집중력도 떨어져. 슬퍼지기도 하고 우울한 기분도 들지.

시간 관리 기술이 필요한 이유는 지금 당장 중요한 일이 무엇인지 결정하게 해 주기 때문이야. 어떤 일이 가장 중요한지 분명히 정하면, 내 뜻대로 삶을 꾸려 가고 있다는 느낌이 들고 지금 당장 모든 일을 완벽하게 해내야 할 것 같은 압박감은 사라져.

여러 가지 일이 한꺼번에 몰려와서 우왕좌왕할 때
일의 우선순위를 정해 봐.
뭐부터 해결해야 할지 알게 돼.

우선순위 정하는 연습

1 일주일 동안 해야 할 모든 일들을 적어 봐.

마감이 있는 일(과제물 제출 등)은 물론이고 일주일 동안 일어날 수 있는

사소한 일들까지 모두 적어. (방 청소하기, 친구랑 영화 보기, 운동하기 등등)

ex〉해야 할 목록

- 엄마 생일 선물을 산다.
- 금요일 수행평가 준비를 한다.
- 찢어진 바지 수선을 맡긴다.
- 월요일 쪽지 시험 공부를 한다.
- 음악 재생 목록을 바꾼다.
- 친구랑 영화를 보러 간다.

2 아래 기준에 따라 해야 할 일에 순위를 매겨.

A - 아주 중요해서 가능한 한 빨리 해치워야 할 일

B - 중요하기는 하지만 A가 끝날 때까지 기다릴 수 있는 일

C - 해야 할 일이기는 하지만, 지금 꼭 하지 않아도 되는 일

ex〉해야 할 목록

- A 엄마 생일 선물을 산다.
- B 금요일 수행평가 준비를 한다.
- B 찢어진 바지 수선을 맡긴다.
- A 월요일 쪽지 시험 공부를 한다.
- C 음악 재생 목록을 바꾼다.
- C 친구랑 영화를 보러 간다.

✏️ **일주일 동안 해야 할 일을 모조리 적고 우선순위를 매겨 봐.**

우선순위	해야 할 일

앞의 예로 설명할게. 오늘은 엄마의 생일 선물을 준비할 수 있는 마지막 날이야. 그렇다면 엄마 선물을 사는 건 우선순위가 매우 높겠지. 그러니 A에 들어가. 수행평가는 중요하지만 당장 해야 할 정도로 급하지는 않아. 그러니 이건 B에 넣어 둬. 친구랑 영화 보러 가는 건 즐거운 일이지만, 이건 C로 분류할 수 있어. 당장 영화를 보러 가지 않는다고 해서 큰일이 생기는 건 아니니까.

∃ 같은 우선순위끼리 모으자.

같은 우선순위로 모았으면, 각각의 조에서 일의 중요도에 따라 다시 순위를 매겨 봐. A조 중에서 가장 중요한 걸 A-1, 그다음을 A-2, 이런 식으로 일의 순서를 정해. 다 정했으면 A, B, C 순서대로 정리해 보자.

ex) 해야 할 목록

A -1 엄마 생일 선물을 산다.	A -2 월요일 쪽지 시험 공부를 한다.
B -1 금요일 수행평가 준비를 한다.	B -2 찢어진 바지 수선을 맡긴다.
C -1 친구랑 영화를 보러 간다.	C -2 음악 재생 목록을 바꾼다.

✏ 일의 우선순위를 정했으면 일의 중요도에 따라 다시 묶어 봐.

우선순위	해야 할 일

이제 어떤 일을 먼저 해야 할지가 이전보다 훨씬 더 분명해졌어. A에 속하는 일을 끝마치고 나면, B에 속하는 일을 하면 돼. 그리고 나서 C에 속하는 일을 하면 되는 거고. 이렇게 일의 순서를 매기면 아무리 바빠도, '중요한 일'은 제대로 하게 될 거야.

하지만 해야 할 일은 바뀔 수도 있어. 예를 들어, 숙제 제출일이 일주일 미뤄질 수도 있고, 친구가 다음 주말까지는 영화를 보러 갈 시간이 없을지도 몰라. 이런 변화가 생기면, 우선순위 목록을 그에 맞게 조절하면 돼. 어떤 일부터 해결해야 하는지도 현재 시각에 따라 달라지겠지. 예를 들어, 밤이라면 바지 수선 맡기는 건 불가능할지도 몰라. 하지만 음악 재생 목록을 바꾸는 건 늦은 시간이라도 상관없어.

정리한 우선순위는 철칙이 아니야.

모든 일을 완수한다면 정말 멋지겠지. 하지만 그렇다고 너무 자신을 몰아붙여서는 안 돼. 주어진 시간에 최선을 다하면 되는 거지 결과에 너무 집착하면 또다른 스트레스가 생길 수도 있거든. 적어도 중요한 일을 먼저 해둔다면, 스트레스는 많이 줄어들어.

일에 우선순위를 매기지 못하면, 산더미처럼 쌓인 일과 '당장 모든 걸 해치워야 한다'는 압박감에 시달릴 거야. 처리하기 힘든 일에 시달리다 보면 일상이 스트레스와 압박으로 가득 차게 돼.

지금부터는 우리가 스트레스 호랑이를 길들이는 전문가가 될 수 있도록 6가지 시간 관리 전략을 살펴볼 거야.

1 할 수 없는 일이라면 "아니"라고 당당하게 말해.

단지 상대방을 기쁘게 하겠다는 이유 때문에 "아니"라고 거절을 하지 못하면, 우리는 곧 당혹감을 느끼고 괴로워하게 돼. 그게 누군가를 돕는 것이든, 아니면 그냥 이야기를 나누는 것이든 상관없어. 자신의 한계를 분명히 알고, 시간이 없을 때는 상대방의 부탁을 정중하게 거절하는 게 중요해. 너에게 중요한 일을 하느라 시간이 별로 없다면, "아니"라고 말한 뒤 자신의 시간을 갖는 게 좋아. 또한 상대방이 부탁한 일을 일의 목록 제일 밑에 넣어 두고, 스케줄을 비울 수 있는지 확인해 보는 것도 좋겠지. "아니"라고 말하는 법을 익히면, 자존감을 지키면서 자신에게 중요한 일에 초점을 맞출 수 있어.

2 언제 최선을 발휘할 수 있는지 스스로 점검해 봐.

자신이 언제 가장 능률적으로 일할 수 있는지 알게 되면 시간을 잘 활용할 수 있어. 어떤 사람은 아침에 공부가 잘 되고, 어떤 사람은 늦은 밤에 공부가 잘 돼. 각자 집중력을 발휘하는 시간이 다른 거지. 어느 시간대에 가장 효율적으로 일할 수 있는지 찾아내고, 그 시간을 충분히 활용할 수 있는 방법을 찾아봐. 그 시간에는 휴대폰, 텔레비전, 컴퓨터 등 정신을 산만하게 할 수 있는 것들을 가급적 멀리해. 그러면 해야 할 일을 효과적으로 할 수 있어.

3 잠은 충분히.

잠을 자는 건 아무것도 안 하는 것처럼 보일지도 몰라. 하지만 잠을 충분히 자면, 정신이 맑아지고 최고의 컨디션을 유지할 수 있어. 또한 충분히 자면 몸은 피로를 덜 느껴. 숙면은 우리 몸을 회복시켜 주고 마음에 여유를 줘.

4 쉬는 시간을 마련해.

시간 관리는 매 시간마다 뭔가를 하라는 게 아니야. 쉬는 시간을 마련하면 효율적으로 활동하기가 쉬워. 오랫동안 공부하느라 힘들었다면, 잠시 일어나 스트레칭을 해 봐. 간식을 먹는 것도 괜찮아. 잠깐 산책을 하거나 가볍게 운동을 하면 집중력을 높일 수도 있어. 주의력이 흐트러지지 않는 이상 음악을 듣거나 애완견과 노는 것도 좋아.

5 무엇이 시간을 잡아먹는지 일상을 점검해 봐.

스트레스를 받을 때는 게임이나 인터넷을 하거나, 친구들과 수다를 떨거나, 텔레비전을 보면서 잠시 시간을 보내는 것도 괜찮아. 하지만 이런 활동이 시간을 많이 잡아먹는 건 아닌지 주의해야 해. 기분 전환 삼아 하는 일은 눈 깜짝할 사이에 몇 시간씩 하기가 쉬워. 정신을 차려 보면 저녁 시간이 되었거나, 피로가 물밀듯이 몰려오지. 하지만 일은 아직 절반도 끝내지 못하는 난감한 상황이 연출돼.

6 플래너를 사용해 봐.

스케줄을 확인할 수 있는 플래너를 활용해 봐. 플래너는 스케줄을 한눈에 보여 줘. 플래너를 쓰면 전체 일정을 확인할 수 있어서 특정한 일에 시간을 많이 들이지 않게 되지. 요즘에는 스마트폰 플래너 어플이나 PC용 스케줄 관리 프로그램이 많아. 여러 포털 사이트에서도 스케줄 관리 서비스를 제공하고 있으니까 참고해 봐.

일에 우선순위를 매겨 관리하면,
스트레스가 가득한 혼돈 속에서
나름의 질서를 만들어 낼 수 있어.

또한 바쁜 일상 속에서도 재충전의 시간을 벌 수 있지. 이렇게 삶을 하나하나 정리하다 보면 자신의 삶을 스스로 만들어 간다는 확신이 들 거야. 그러다 보면 자신의 삶에 스스로 책임을 지게 되고, 성취감을 얻고 자존감을 키울 수 있어. 그러면 자연스럽게 스트레스가 줄어들지. 네가 이런 상관관계를 찾아낼 수 있었으면 좋겠어.

책 『성공하는 10대들의 7가지 습관』

숀 코비 지음 ┃ 김경섭, 유광태 옮김

십 대 때 길러야 할 습관과 사고방식을 십 대들의 눈높이에서 설명해
주는 책이야. 주도적이 돼라, 목표를 확립하고 행동하라, 소중한 것
을 먼저 하라, 경청한 다음 이해시켜라 등 십 대들이 꼭 익혀야 할 7
가지 습관을 재미있는 예화와 함께 이야기해 줘. 그중에서도 특별히
시간관리 부분은 참고해 볼 만해. 쏜살같이 지나가는 시간 앞에서 쩔
쩔매고 있다면 꼭 한번 읽어 보길!

책 『청소년을 위한 시크릿 : 시간 관리편』

이희석 외 5명 지음

밤을 새워 가며 공부하는데도 도무지 오르지 않는 성적, 정성껏 계획
을 세웠지만 실천 의지가 없어 결국 무용지물이 된 공부 계획, 하고
싶은 일을 찾지 못해 지루하기만 한 수업 시간. 이 모든 건 '시간 관
리'를 잘 못해서 벌어진 일이야. 이 책은 십 대들에게 왜 시간 관리를
해야 하고, 어떻게 해야 계획한 대로 잘 실천할 수 있는지 비법을 알
려 줘. 한 가지 비법이 끝날 때마다 또래의 시간 관리 비법이 나와 있
어서 건강한 자극과 도전을 받을 수 있지.

위험을 감수하자

'위험 감수'라는 말을 들으면
어떤 생각이 들어?

위험 감수를 괜한 문제를 불러일으키는 것으로 생각하는 사람들이 있어. 가출을 하거나 폭력 서클에 들어가는 것처럼, 나쁜 위험 감수도 있지. 하지만 긍정적인 위험 감수는 자존감을 높이고 스트레스를 줄여 주는 한 가지 방법이야.

어떤 위험이 나쁜 걸까? 위험 때문에 일어날 수 있는 최악의 결과를 생각해 봐. 자신 혹은 누군가의 삶에 문제가 생기거나 누군가가 마음이 다친다면 그건 나쁜 위험이라 할 수 있어. 그렇지만 일어날 수 있는 최악의 결과가 약간의 당혹스러움이라면, 그 위험은 감수할 수 있지.

위험을 감수하는 것은 자신의 관심사를 들여다보고 새로운 것을 익히며 현실에 직면할 수 있게 해 줘. 안락하게 현실에 안주하는 대신, 자신이 무엇까지 할 수 있는지 그 한계를 시험해 보지 않을래?

모험 좋아하니?

몇 가지 질문을 해 볼게. 네가 위험을 감수하는 사람인지를 판단하는 데 도움이 될 거야. 너라면 어떻게 할 것 같아?

주말이면 나는 ⓐ 평소 알고 지내던 친구들이랑 영화를 보러 가.
ⓑ 아는 사람은 한 명도 없지만 얼마 전에 가입한 동호회 정기 모임에 나갈래.

강아지랑 산책을 하면 나는 ⓐ 잘 알고 있는 동네 코스로 갈래.
ⓑ 옆 동네에 새로 생긴 공원으로 갈래.

학교에서 돌아오면 나는 ⓐ 평소대로 숙제하고 빨리 잘래.
ⓑ 얼마 전부터 배운 기타를 연습할 거야.

어쩌면 ⓐ안이 훨씬 더 매력적으로 보일지 몰라. 그렇게 하는 게 훨씬 쉽고 편하니까. 뭔가 평소와 다른 것을 하는 건 좀 두려워. 왜냐고? 위험을 감수해야 하기 때문이지. 새로 알게 된 친구가 자신을 싫어할지도 모른다는 위험 부담, 모임에서 잘 지내지 못할 것 같은 위험 부담, 시도했다가 실패했을 때의 위험 부담…. 불확실한 일에 도전하려면 용기가 필요해.

밴드부 오디션을 예로 들어 볼게. 잘 해내지 못할 수도 있어. 지금 갖고 있는 지식과 경험이 그 일을 해내기에 충분하지 않을 수도 있고 잘못되면 어쩌나 걱정도 되고(무대에 올라가 얼어 버리면 어쩌지?), 해 봤자 소용없을지도 모른다고 지레 겁을 집어먹는 것(늘 떨어졌어)은 지극히 당연해. 하지만 지금 포기하면, 자신의 가능성과 잠재력은 절대 키울 수 없을 거야.

도전하지 않으면 아무것도 얻을 수 없어.
네가 가진 가능성에 도전해 봐.
너는 무한한 가능성을 가지고 있다고.

우리 뇌는 정말 놀라워!

사람의 뇌가 '탄력적'이라는 사실을 알고 있니? 뇌는 수십억 개의 뉴런으로 이루어져 있어. 뉴런은 뇌신경 세포의 이름인데, 새로운 문제나 도전에 부딪칠 때 변화하고 적응하지. 이걸 어떻게 알았냐고? 과학자들이 뇌를 스캔해 보니까 사람이 뭔가를 배울 때 전전두엽 피질(복잡한 인지 행동을 계획하고, 결정을 내리고, 판단하고 문제를 해결하는 영역)의 뉴런이 집중적으로 활성화되더래.

이게 뭔 소리냐고? 어떤 주제를 놓고 연구하거나, 어떤 기술을 연습하면 새로운 신경 회로가 만들어진다는 거야. 그래서 우리는 좀 더 총명해지고, 일도 더 효율적으로 해내게 되지. 예를 들어서 새로운 언어를 배울 때, 치열하게 공부하고 연습하면서 뇌를 훈련시킨다면 단어를 더 잘 기억해 낼 수 있대. 우리는 노력하는 만큼 배우며 성장할 수 있어.

작은 것부터 배울 수 있는
기회를 찾아봐.

위험을 감수할 때, 아직 일어나지도 않은 결과에 대해 심각해질 필요는 없어. 대신 자신이 감당할 수 있는 단계부터 시작해.

네가 마라톤을 완주하기로 결심했어. 마라톤은 42.195킬로미터를 뛰는 건데, 이 정도 거리는 노련한 선수들에게도 상당히 부담스러워. 충분한 준비 없이 마라톤 풀코스를 완주하겠다고 덤비는 건 무모한 짓이야. 대신 작은 것부터 시작해. 마라톤 커뮤니티에 가서 준비 방법을 배우고 관련 책을 보면서 훈련 프로그램을 짜 봐. 마라톤에 대해 제대로 이해하고 자신에게 맞게 준비하다 보면 점차 실력이 늘 거야. 늘어난 실력만큼 연습 단계를 올리다 보면 마침내 결승선을 통과할 수 있지.

요점은 바로 이거야. 위험을 감수하거나 새로운 일에 도전할 때 작은 발걸음이 무척 중요하다는 사실. 작은 계획을 세우고 지속적으로 도달하면, 동기를 잃지 않게 되고 또 그 과정에서 이룬 성과 덕분에 미래의 도전에 맞서 싸울 수 있는 자신감까지 얻을 수 있어.

완벽할 필요는 없어.

　지금 당장 성공해야 하고, 모든 일을 훌륭하게 해내야 한다고 믿는 사람에게 위험 감수는 매우 힘든 일이야. 이런 태도를 완벽주의라고 부르는데, 이런 사람들은 인생의 모든 영역에서 스스로를 거칠게 밀어붙이는 경향이 있어.

　인간인 우리가 완벽해지기는 불가능해. 완벽주의는 자신이 훌륭하지 않다는 사실을 그대로 증명하는 것과 같아. 완벽주의 성향이 있는 사람들은 좌절과 절망을 많이 경험하는데, 자신의 높은 기대를 충족시킬 수 없기 때문이야.

　완벽주의는 위험을 감수하거나 새로운 일을 시도하지 못하도록 막아. 따라서 완벽주의는 성장과 변화를 위해 나아가는 데 커다란 걸림돌인 셈이야. 그리고 완벽주의자는 자기 마음에 들 때까지 반복하고 또 반복하는 경향이 있어. 처음에 나름 괜찮게 했는데도 말이야. 이런 태도는 삶의 모든 영역에 영향을 미치기도 해.

나는 완벽주의자일까?

각 문항에 표시하고 점수를 더해 봐.

	완전 거부감	살짝 거부감	별 생각 없음	살짝 공감	완전 공감
최고가 아니면, 나는 패배자가 될 거야.	-2	-1	0	+1	+2
실수를 저지르면 사람들이 나를 형편없는 놈이라고 생각할 거야.	-2	-1	0	+1	+2
최고가 아니면, 그걸 할 이유가 없어.	-2	-1	0	+1	+2
실수를 하면 무척 화가 나.	-2	-1	0	+1	+2
충분히 노력하면, 나는 무엇이든 그 이상을 해낼 수 있어.	-2	-1	0	+1	+2
약점을 드러내는 건 멍청한 짓이야.	-2	-1	0	+1	+2
똑같은 실수를 두 번 다시 저질러서는 안 돼.	-2	-1	0	+1	+2
평균 정도 된다는 것은 만족스럽지도 않고 아무런 의미도 없지.	-2	-1	0	+1	+2
실패는 나를 삼류 인간으로 만들어.	-2	-1	0	+1	+2
실수에 대해 분노하면 똑같은 실수를 반복하지 않는 데 도움이 돼.	-2	-1	0	+1	+2

몇 점이 나왔니?

0점 이상이라면 완벽주의 기질이 있어. 완벽한 사람은 없어. 자신에게 좀 너그러워지자.

15점~20점 이상이라면 완벽해야 한다는 강박에 시달리고 있어. 아마 상당한 스트레스에 시달리고 있을 거야. 이런 압박을 느낀다면 부모님이나 선생님, 친구들과 이야기를 나눠 보면서 마음을 다스려 봐.

『필링굿』이라는 책에 따르면 완벽주의는 이룰 수 없는 꿈을 쫓아가는 것과 같대. 실수는 용납이 안 되고, 실패는 죽음보다 더 나쁘지. 부정적인 감정까지도 재앙이라고 여겨지고. 완벽주의에 사로잡힌 사람은 자기가 항상 어느 때나 근사하게 보여야 한다고 생각해. 만일 목표 달성을 했다고 하더라도 또 다른 목표가 곧바로 생기기 때문에 완벽주의자에게는 정상에 다다랐을 때 느끼는 기쁨 같은 건 찾을 수가 없어. 그래서 이런 사람의 삶은 재미없고 지루한 러닝머신을 끊임없이 타고 있는 거나 마찬가지야.

완벽해야 한다는 강박 때문에 너무 힘들다면,
자신이 실수한 것보다 더 큰 문제가
자기 기준점에 있을 수도 있어.

만일 판단이 잘 안 된다면 부모님이나 선생님, 친구들과 이야기를 나눠
봐. 이만큼 하는 게 부족하다고 느껴지는 게 실제로 부족한 건지, 다들 이
정도는 하는지, 나만 못 하는지, 못 하는 게 당연한 일을 혼자서 잘하려고
애를 쓰고 있는 건 아닌지…. 기준점을 지나치게 높이 두는 게 완벽주의자
인데, 내 기준점의 높낮이는 옆에 있는 사람들과 함께 비교해 봐야 알 수
있는 법이거든.

완벽해야 한다는 부담감을 느끼고 있다면 주목해 봐.

이제부터 그런 부담감에서 벗어날 수 있는 방법을 소개할게.

완벽주의에서 벗어나려면?

1 실수를 저질러도 자신을 용서해 줘.

우리는 부족한 게 많은 인간이야. 실수를 저지르는 건 당연해. 이렇게 생각하는 건 어떨까?

'이 일을 완벽하게 해내지 못할지도 몰라. 그래도 괜찮아. 실수를 통해 배우는 거니까. 최선을 다하는 것으로 충분해.'

이 생각을 마음에 품어. 누구나 약점은 있으니까.

2 시간을 정한 뒤 몰두해.

뭔가를 완벽하게 해내기 위해 너무 많은 시간을 쏟아붓지는 않니? 아무리 많은 노력을 기울여도 그 일을 더 잘해야 한다는 생각이 들면 그보다 더 많이 움직여야 할 거야. 이러지 않으려면, 일을 시작하기에 앞서 시간이 얼마나 걸릴지 예상해 봐. 미리 정해 놓은 시간만큼만 일을 하고 멈춰. 좀 더 시간을 들여야겠다는 생각이 들면, 선생님이나 부모님께 일의 진행 상황에 대해 객관적인 의견을 구해 봐.

3 부정적인 생각 따윈 버려.

긍정적인 '자기 대화'를 통해 부정적인 생각을 없애도록 해 봐. 좋은 생각으로 나쁜 생각을 지워 버리는 것도 한 가지 방법이야. 부정적인 생각이 떠오를 때마다 긍정적인 생각 다섯 가지를 해 봐. 긍정적인 자기 대화에 대해서는 뒤에서 좀 더 자세하게 알려 줄게.

4 완벽하길 바라는 사람들의 기대는 신경 쓰지 마.

십 대들은 보통 부모님에게 완벽주의 성향을 '물려받는' 경우가 많아. 어쩌면 주변 어른들이 완벽주의자일 수도 있어. 너는 그 습성을 그대로 따라 하는 거고. 주변 사람들이 네가 완벽하게 행동하기를 기대하고 있을지도 몰라. 그게 지나친 기대라면 신경을 끄는 게 좋아. 그리고 부담을 주지 않을 믿을 만한 어른과 대화를 나눠 보도록 해. 이 상황에 대한 객관적인 시각을 얻을 수 있을 거야.

5 자신에게 휴식을 줘.

모든 일에 최선을 다하고자 하는 자세는 훌륭해. 하지만 그저 즐기기 위해 뭔가를 하는 것도 중요해. 잘할 수 있을까 걱정할 필요가 없는 상황에 자신을 던져 봐. 활동 그 자체를 그냥 즐기는 거야. 산책을 하고 영화를 보고 친구들과 이야기하고…. 자신이 좋아하는 일을 아무 생각 없이 해 봐.

6 지원군을 찾아보고, 사소한 성공이라도 축하해 줘.

위험 감수는 다른 사람의 도움 없이 오로지 너 혼자서 해내라는 뜻은 아니야. 격려와 조언은 매우 중요해. 부모님, 친구, 이웃, 선배 또는 네가 믿을 수 있는 사람들은 네가 난관에 부딪쳤을 때 도움을 줄 준비가 돼 있어.

자신이 계획한 대로 진행되는 일은 거의 없어. 하지만 잘 아는 사람들이 너를 도와주면 어려움을 이길 수 있어. 위험을 감수하다 보면 다른 사람들의 도움이 절실할 때가 있을 거야.

자신의 성공을 축하하는 것도 중요해.

커다란 성취는 하룻밤 사이에 이루어지지 않아. 자그마한 성공이 오랜 기간 동안 모인 결과니까. 그리고 새로운 영역에서 거둔 성공은 인정받고 축하받을 가치가 있어. 그 성공이라는 것이 사소한 것이라 해도 말이야. 작은 성공은 자신의 성장을 증명해 주고 그 자체로도 커다란 동기부여가 돼. 작은 일을 해낼 때 자신에게 멋지게 보답해 주는 거 잊지 마.

영화 〈김씨 표류기〉

어두컴컴하고 좁은 방이 온 세상인 한 여자가 있어. 그녀는 방 안에 웅크린 채 매일 허상으로 범벅된 홈페이지를 관리하고 헛헛한 마음을 채우려 달 사진을 찍으며 3년을 보내지. 달 사진을 찍던 어느 날, 여자는 저 멀리 한강 밤섬에 표류한 한 남자를 발견하고 그를 응원하기로 결심해.

모든 걸 포기하고 한강 다리에서 뛰어든 남자가 밤섬에 표류하면서 겪는 새로운 상황과 신선한 도전, 그리고 그런 남자를 지켜보면서 자신을 가두고 있던 방에서 나오게 되는 여자의 이야기는 가슴 따뜻한 도전과 희망을 말하고 있어.

자신의 생각에 갇혀 아무것도 하지 못하고 있다면 이 영화를 권하고 싶어. 널 응원하는 내면의 목소리가 점점 크게 들릴 테니까.

영화 〈버킷 리스트〉

버킷 리스트는 죽기 전에 꼭 해야 할 일이나 달성하고 싶은 목표 리스트를 말해. 이 영화는 시한부 인생을 사는 두 남자의 이야기를 다루고 있어. 한 남자는 죽음을 앞둔 재벌이고 다른 한 남자는 가정에 헌신하다 시한부 판정을 받은 가장이야. 찾는 이 없는 두 환자는 서로에게 의지하며 남은 삶을 버텨. 그러던 중 그들은 버킷 리스트를 떠올리고 남은 인생 동안 하고 싶은 일을 이루기 위해 병실을 떠나지.

카 레이싱, 스카이 다이빙, 문신…. 마음속에 담아 둔 일들에 도전하면서 인생의 기쁨과 의미를 찾게 돼. 현실에 주저앉아 불평만 하기에 우린 너무 어리지 않니?

현명하게 선택하자

지진을 느껴 본 적 있어? 지진이 심하게 나면 건물이 흔들리고, 도로가 솟구치고, 사방이 온통 아수라장이 되지. 오랫동안 이렇게 살아야 한다면 어떨까? 늘 불안하고 초조할 거야. 스트레스를 받았을 때 어떤 결정을 하는 건 이렇게 흔들리는 땅 위에 서 있는 것과 비슷해. 올바른 결정을 하기가 쉽지 않아. 하지만 의사 결정 기술을 익히면 생각의 주도권을 쥘 수 있고 스트레스도 줄어들어.

의사 결정은 강력해.

우리 삶은 수많은 선택이 모여 만들어져. 우리가 무엇을 선택하느냐에 따라 앞으로 좋은 일이 생길지, 나쁜 일이 생길지가 결정돼. 어렸을 때는 식구들이나 다른 사람들이 너를 대신해 선택을 해 줬을지 몰라. 어떤 학교를 가면 좋을지, 뭘 배우면 좋을지 등등. 지금도 어른들의 지도를 받고 따라야 할 규칙이 많지만, 커 갈수록 스스로 더 많은 선택을 해야 해.

하지만 선택에는 책임이 따르기 마련이야. 따라서 의사 결정의 기본을 분명하게 기억하는 것이 매우 중요해. 결정을 내리는 건 쉬운 일이 아니야. 특히 누군가가 부담을 줄 때는 더더욱 쉽지 않지.

스트레스를 받는 상황에서
현명한 선택을 하려면?

어떤 결정을 내려야 하는 때가 되면 수많은 요인들이 끼어들어.

사람들의 참견도 한몫을 하고, 선택지가 너무 많아서 결정장애에 시달리기도 하지.

분노처럼 강력한 감정들은 우리가 힘든 상황에 빠져 있을 때 파괴적인 길로 이끌지. 욱하고 화가 치밀어 올라서 하지 말아야 할 말이나 행동을 할 때 많지? 그리고 나서 후회막급이지. 그런 감정들을 완벽하게 막아 내기는 힘들지만 우리 '뇌'에 대해서 알아 두면 도움을 받을 수 있을 거야.

사람의 뇌세포는 태어날 때 제일 숫자가 많고
나이가 들수록 적어진다는 말 들어 봤니?

그건 틀린 말이야! 만 6살 정도 된 어린이의 뇌는 성인 뇌 크기의 90%
정도라고 해. 그러니까 청소년 시기에 뇌가 갑자기 더 커지거나 하는 건
아니지. 그렇지만 뇌에 잡혀 있는 주름은 성장해 가면서 점점 더 깊어져.
특히 인지 기능이나 정서와 관련된 부분의 뇌가 제일 많이 변해. 청소년
시기에 뇌는 불필요한 기능은 축소시키고 정리하면서 더 효율적으로 활
동할 수 있도록 준비를 해.

발달하는 동안 가장 큰 변화가 생기는 곳은 역시 전전두엽 피질 쪽이야. 이곳에서는 결정을 내리고 인지 조절을 해.

그래서 전전두엽 피질이 잘 발달하면 무슨 행동을 하면 위험한지, 어떤 선택을 해야 좋은 결과가 있는지 더 잘 판단할 수 있게 되지.

충동을 조절하는 힘도 커지고, 미리 계획하고 예상하는 능력도 자라나. 그러니까 아직 십 대인 우리는 공사 중인 건물과 같은 셈이야. 최첨단 전자 설비를 갖춘 건물이라고 하더라도 아직 공사 중이라면 작동이 되는 것도 있고 완공 날까지 전원이 공급되지 않는 곳도 있을 거야. 멋진 컴퓨터 앞에서 기대감을 갖고 전원 버튼을 눌렀는데 작동을 안 한다고? 아니면 전원이 들어왔다 나갔다 해서 놀랐니? 실망할 것도 놀랄 것도 없어. 아직 공사 중이야. 공사가 다 끝날 때까지는 시간이 필요하고 그때까지 느긋하게 기다리면 돼.

스트레스 받을 때
현명한 선택을 하는 10가지 방법

1 스트레스 상황에서 한 발 물러서.

스트레스 상황에서 한 발 물러나, 심호흡을 하고 생각을 정리해 봐.

속으로 10에서 0까지 거꾸로 세는 것도 좋아. 숫자를 세는 동안에는 아무 말도, 생각도 하지 말고.

2 여러 가지 대안을 떠올려 봐.

스트레스 상황을 종이에 적어서 정리해 봐. 대안도 고민해 보고. 몇 가지 선택지가 있으면, 가장 좋은 선택을 할 가능성이 높아져. 시간이 충분하다면 믿을 만한 사람에게 조언을 구하는 것도 좋은 방법이야.

3 결과에 대해 구체적으로 생각해 봐.

자신의 결정이 어떤 결과를 가져올지 생각해 봐. 이 선택으로 생길 수 있는 최악의 결과는 뭘까? 결과에 대해 구체적으로 생각해 보면 잘못된 선택을 하지 않을 수 있어.

4 보복은 상황을 더 나쁘게 만들 뿐이야.

누군가 너를 압박했다고 해서 보복해도 된다는 법은 없어. 누군가 너를 압박하고 부담을 주면 시간을 두고 생각해. 절대 자제력을 잃지 마.

5 너를 헐뜯는 말은 무시해 버려.

누군가 네 앞에서, 또는 네 등 뒤에서 너를 헐뜯고 다닌다고? 대응할 생각하지 말고 그냥 관심 꺼! 네가 아무 반응을 보이지 않으면 그 아이들은 곧 흥미를 잃고 그만두게 될 테니까.

6 혼잣말을 적극 활용해.

혼잣말로 욕을 마구 퍼부으라는 뜻이 아니야. 혼잣말로 자신을 추스르면 행동과 감정은 달라지게 마련이야.

"난 지금 화가 나 있어. 마음이 가라앉으면 이 상황을 잘 해결할 수 있을 거야." 이렇게 자신을 다독이면서 마음을 다잡아 봐.

7 네가 처한 상황에 대해 "나는…"이라는 문장으로 말해.

누군가와 갈등을 겪고 있다면 상대방이 아니라 나에게 초점을 두고 말해. "나는…"이라는 문장을 활용해 문제를 해결해 봐.

"나 정말 화가 나. 내가 왜 욕을 먹는 거지? 이야기해 줄 수 있어?"

네가 겪는 감정을 솔직하게 말하면서 문제를 풀어 나가 봐.

8 누군가와 이야기를 나눠 봐.

제3자의 편에서 보면, 스트레스 받는 상황을 훨씬 더 쉽게 해결할 수 있어. 무엇 때문에 스트레스를 받고 있는지, 자신의 말을 귀담아들어 줄 사람에게 마음을 터놓고 이야기해 봐.

9 산책도 좋아.

장소를 옮기면 그 상황을 새로운 눈으로 볼 수 있어. 그러니 여유롭게 천천히 산책하는 것도 좋은 방법이야.

10 자제력을 잃고 있다는 사실을 알아차려야 해.

대부분의 사람들은 자기가 지금 아주 기분이 좋지 않은 상태이고, 나중에 후회할 만한 일을 곧 저지를 것 같다고 예상을 할 수 있어. 내가 지금 자제력을 잃고 있다는 사실을 인식하는 게 중요해. 그리고 필요하다면 잠깐 쉬도록 해. 만일 혼자 있을 때 이런 일이 생기면 앞에서 배운 집중해서 호흡하기를 활용해 봐도 좋겠지. 긍정적으로 스스로에게 혼잣말을 해 볼 수도 있고, 아니면 다른 방법을 사용해서라도 자기 자신을 가라앉히는 시도를 해 보면 좋겠어.

내가 자제력을 잃고 있다는 사실을 아는 게 왜 중요하냐고?

자기가 실수하고 실패하는 중이라는 걸 알아야만 궤도를 수정할 수 있기 때문이지. 술을 병적으로 마시다가 끊으려고 결심한 사람들이 활용하는 방법 중에 A.A(Alcoholics Anonymous)라는 모임에 참석하는 게 있어. 이 모임의 선언문은, '나는 무력하다는 걸 인정하는 것'으로 시작해.

내 힘으로 안 된다는 사실을 인식하고 넘어져 있다는 걸 깨닫는 사람만 일어날 수 있기 때문이지.

누군가 너에게 어떤 게 최고라고 강요할 때가 있니?

대부분 부모님이나 친한 친구들일 거야.

> "이번 과외 선생님은 대단한 분이야. 분명 성적도 쑥쑥 오를 거고."
> "이번 주말 모임에 꼭 와! 멋진 애들도 많고 진짜 재밌을 거야."

그럴지도 모르지. 그렇지 않을 수도 있고. 이럴 경우 너는 무언가를 해야 한다는 압박감을 느껴.

누구도 사람들에게 미움받거나 따돌림받고 싶어 하지 않아. 그래서 주변 사람들이 주는 압력에 짓눌려. 친구들이나 가족에게 지나친 압박을 받을 때 짓눌리지 않을 수 있는 방법을 몇 가지 이야기해 줄게.

1 정확하게 말해.

상냥하지만 정직하고 솔직하게, 자신이 무엇을 원하는지 이야기해 줘.

부담이 된다고 솔직하게 이야기해. 네가 왜 그런 결정을 내렸는지 그 이유를 알려 줄 수도 있겠지. 시시콜콜 다 설명해 줄 필요는 없어.

> "엄마, 친척들 모였을 때 다른 친척이랑 비교하지 마세요. 기분 나빠요."
> "난 담배 피는 거 싫어. 피라고 강요하지 마."

2 대안을 제시해.

거절하면서 대안을 제시하면 상대방은 화를 내거나 따지지 않을 거야.

> "엄마, 저랑 친척들이랑 비교하는 대신 다음에 더 열심히 해서
> 성적을 올리라고 말씀해 주시면 안 돼요?

3 가벼운 농담을 하거나 주제를 바꿔 봐.

농담을 하거나 대화의 주제를 바꾸면 불편하고 부담스러운 순간에서 벗어날 수 있어. 지금 상대방의 말이나 행동에 네가 별 관심이 없다는 것을 알려 줄 수 있는 간단한 방법이야.

> "네 SNS에 내 이야기 좀 올리지 마. 누가 보면 내가 우리 중학교
> 얼짱인 줄 알겠네. 덕분에 실시간 검색어 1위도 하겠어."
> "그거 알아? 고대 그리스에선 뚱뚱한 여자가 미인이었어.
> 고대 그리스 미인한테 한번 맞아 볼래?"

때로는 친한 사람이 네 생각과 행동을
좌지우지하려고 할지도 몰라.

불편할 정도로 너에게 부담을 주면, 그 사람에게 직접 말해. 네가 느끼
는 부담을 설명하고, 어떻게 해 주면 좋겠는지를 구체적으로 밝혀(앞에서 이
야기했던 자기표현 공식을 활용해도 좋아).

너를 이해하는 사람이라면 네 말에 귀를 기울이고, 네 결정을 긍정적으
로 받아들일 거야.

책 『거절 수업 : 당당한 나를 만나는 리더십 에세이』

크리스틴 라우에낭 지음 | 최정수 옮김

십 대들은 겉으로는 솔직하고 당당해 보이지만, 정작 '아니'라는 말을 해야 할 때는 자신 있게 생각을 말하지 못하는 경우가 많아. 사람들에게 미움을 살까 봐 두려워 속마음을 감출 때가 많기 때문이야. 성장기에 자신을 표현하는 법을 배우지 못하면 평생 남에게 끌려다니는 수동적 성격으로 남게 되는 반면, 어릴 적부터 '아니'라고 말하며 자기 생각을 적극적으로 표현하는 아이는 커서도 당당한 리더가 된대. 자신을 긍정하는 힘, 자기주도형 리더로 성장하는 열쇠는 '아니'라는 말 한마디에서 시작해. 이 책은 사춘기 아이들이 당당하게 "NO!"라고 말할 수 있도록 도와줄 거야.

책 『청소년을 위한 나는 말랄라』

말랄라 유사프자이, 퍼트리샤 매코 믹 지음 | 박찬원 옮김

2012년 10월, 파키스탄 스와트에서 열다섯 살 소녀가 탈레반에 의해 총격을 당했다는 뉴스가 전 세계에 전해졌어. 무장 세력에 의한 범죄가 끊이지 않고 있었지만 어린 여자아이까지 공격의 대상이 되었다는 점에서 세계는 공분했지. 말랄라 유사프자이가 피격을 당한 이유는 아이들이 학교에 갈 권리에 대해 말했기 때문이야. 피격 소식이 전해지면서 파키스탄 전역에서 "나는 말랄라다"라고 적힌 피켓을 든 학생 시위대가 일어났어. 유엔과 미국 대통령을 비롯한 수많은 유명 인사들이 말랄라와 그의 뜻에 대한 지지를 선언했어. 말랄라는 기적적으로 건강을 회복했고, 2014년, 역대 최연소 노벨평화상 수상자로 선정됐지. 이 책은 말랄라의 일대기를 감동적으로 보여 주고 있어. 말랄라의 솔직한 목소리는 한 사람의 올바른 결정이 얼마나 큰 힘을 발휘하는지 보여 줘.

네가 한 선택이 좋은 선택인지 궁금하니?
네 선택에 대해 확신이 들지 않는다면 질문을 던져 봐.

좋은 선택 OR 나쁜 선택	예	아니오
이 선택으로 누군가 위험에 빠지게 될까?		
이 선택으로 누군가 무시받고 있다는 느낌을 받거나 수치심을 느끼게 될까?		
이 선택으로 누군가에게 손해를 주게 될까?		
이 선택이 상황을 더 악화시킬까?		
내가 거짓말을 하게 될까?		
내가 갈등을 부채질하게 될까?		
부모님, 학교, 또는 규칙을 어기는 걸까?		
주변 사람들을 실망시키게 될까?		
앞으로 내 자신에게 실망하게 될까?		

위의 질문에 '예'라는 답이 하나라도 있다면, 자신의 선택이 옳은 선택인지 진지하게 생각해 봐야 해.

긍정적으로 생각하자

스트레스는 우리를 초조하게 만들고, 자존감을 갉아먹어. 마음속 호랑이에게 잡아먹힐 것 같은 기분이 들 때, 쓸 수 있는 생각의 기술이 있어. 이 기술은 별다른 노력을 들이지 않아도 돼. 돈도 안 들고, 효과는 즉시 나타나지. 바로 긍정적으로 생각하는 거야.

긍정적으로 생각한다는 건 뭘까?

'긍정적으로 생각한다는 것'은 자신에 대한 좋은 사실들을 떠올리는 거야. 스트레스는 우리가 인식하는 세상에 대한 반응이야. 이 세상을 어떻게 바라보고 어떻게 생각하느냐가 우리 기분에 영향을 미치는 거지. 만약 네가 어떤 일 때문에 기분이 울적하고 의기소침해졌어. 그 일이 머릿속에서 점점 커지더니 마침내 도저히 감당할 수 없는 어마어마한 문제처럼 보여. 부정적인 생각에 초점을 맞추면 '네 자신'이 최악의 스트레스 호랑이가 될 수도 있어.

정반대 상황도 있어. 자신과 자신의 삶을 긍정적으로 보면, 세상은 별다른 스트레스가 없는 곳이 돼. 일어날지도 모를 부정적인 것들에 골몰하는 대신, 문제를 극복할 수 있는 자신의 힘과 능력에 초점을 맞춰 봐. 자신이 가진 좋은 것들을 생각하고 너를 위하는 사람들을 생각한다면 힘든 시기를 잘 헤쳐 나갈 수 있어.

어떻게 하면
긍정적으로 생각할 수 있을까?

역기를 들어 올리며 근력을 키우는 것처럼, 긍정적인 사고도 연습을 통해 기를 수 있어. 인생의 멋진 순간들을 떠올려 보고, 그걸 목록으로 작성해 봐. 자신이 좋아하는 일, 자신을 아껴 주는 사람들을 포함시켜. 자신의 재능, 이뤄 낸 것들 또는 스스로 자랑할 만한 것들도 포함하면 좋겠지.

긍정적인 생각을 하면 우리 몸도 건강해져. 긍정적인 생각은 심장과 폐를 건강하게 해 주고, 면역력도 높여 주지. 중병을 앓아도 유머 감각을 잃지 않으면 오래 산다는 연구 결과도 있대.

긍정적인 생각을 하면
건강이 좋아진다고?
뜬구름 잡는 이야기처럼 들리지?

하지만 이건 과학적인 근거가 있는 엄연한 사실이야. 긍정적인 생각이 건강에 어떻게 좋은지 연구한 결과들을 보면 이해가 갈 거야.

● **수명이 길어져.** 피츠버그 의과대학 연구진에 따르면 10만 명에 가까운 폐경 이후 여성을 대상으로 한 연구에서, 긍정적인 생각을 하는 사람들은 사망률이 낮았대. 심장병으로 사망할 확률은 30퍼센트나 낮았고. 반면에 부정적인 생각을 하는 사람들은 암으로 사망할 확률이 23퍼센트나 높았대.

● **면역력이 높아져.** 독감 주사에 대한 면역 항체 생성률을 조사한 연구가 있었어. 주사를 맞는 사람들 일부에게 부정적인 생각을 하도록 유도하는 실험이지. 나중에 면역 물질이 얼마나 생겼는지 조사해 보니까 부정적인 생각을 한 사람들이 확실히 면역 물질 농도가 낮았대.

● **병을 더 잘 이겨 낼 수 있어.** 긍정적인 사람들이 수술했을 때 회복도 더 빠르고 암이나 심장병처럼 심각한 질병도 더 잘 이겨 낼 수 있대.

긍정적인 태도는 우릴 변하게 해~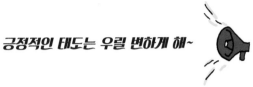

행복해서 웃는 게 아니라
웃으면 행복해진대.
나도 내 마음과 행동을
긍정적으로
바꿔 가고 있어.

생각을 얼마나
잘 조절하느냐에 따라
우리 기분이 달라진다는 걸
예전에는 미처 몰랐어.
난 요즘 내 자신이
멋지다고 생각하려고 노력해.

기분 전환이 필요하면,
재미난 웹사이트를 돌아다녀.
웃다 보면 걱정이
조금 사라지더라고.

스스로 패배자라고 생각하면,
진짜 패배자가 되는 거야.

긍정적인 이야기를 많이 하는
친구랑 시간을 많이 보내려고 노력해.
내 삶이 밝아지는 느낌이야.

남들이 널 단정 짓도록 놔두지 마.

그 애들은 절대로 네 동의 없이 네게 열등감을 심어 줄 수 없으니까.

이런 부정적인 소리가 들린다면 분명하게 대답해 줘.

"넌 절대 성적을 올릴 수 없을 거야."

↳ "아니, 난 똑똑하고 열심히 하려는 의지도 있어. 수업 시간에 딴청 부리지 말고 집중해서 성적을 올릴 거야."

"댄스부에 들어가고 싶다고? 넌 재능이 없잖아."

↳ "내 결심은 누구도 꺾을 수 없어. 우리 반 댄스 머신 친구 따라 열심히 하면 꼭 해낼 수 있을 거야."

"넌 제대로 할 줄 아는 게 아무것도 없어. 정말 구제불능이야."

↳ "아니. 난 재능이 많아. 멋지게 살고 싶어. 충분히 그럴 자격이 있다고."

부정적인 생각을 긍정적인 생각으로 바꾸는 것만으로도 자신에 대해 생각하는 방식을 크게 바꿀 수 있어. 꾸준히 연습하는 게 중요해. 부정적인 생각이 떠오를 때마다 긍정적인 생각으로 바꿔야 해. 이렇게 하면 자신감이 생기고 마침내 마음속 호랑이를 길들일 수 있지.

스트레스 날리는 데는
유머가 최고야.

긍정적으로 생각할 수 있는 또 한 가지 방법은 인생을 유머러스하게 바라보는 거야. 누구나 자신의 삶에서 어떤 일이 벌어질지 몰라 스트레스를 받고 두려워해. 하지만 걱정은 건강에 별 도움이 안 돼. 기운을 차리고 밝게 지내는 게 좋아.

과학자들은 오래전부터 유머가 몸과 마음 모두에 좋다는 걸 알고 있었어. 웃음을 터뜨리면 호흡 활동(호흡 수)이 활발해지고, 산소가 교환되고, 근육이 움직이고, 심박수가 높아져. 웃음은 뇌하수체를 자극해서 긍정적인 생화학적 상태를 만들어 내.

간단하게 말해서 유머는 건강에 좋아!

뇌하수체? 긍정적인 생화학 상태?
이게 무슨 소린가 의아할 사람들을 위해서
다시 설명해 줄게.

뇌하수체는 우리 뇌 밑바닥에 자리 잡고 있는 조그마한 기관이야.

여기에서 나오는 호르몬 가운데 유명한 것만 꼽아 볼까? 성장 호르몬은 다들 알 거야. 이게 나와야 키가 크잖아. 남성을 남성답게, 여성을 여성답게 만들어 주는 성 호르몬도, 우리 몸이 제대로 작동하게 돕는 갑상선 호르몬도, 뇌하수체에서 이런 호르몬이 나오도록 만드는 자극 호르몬을 만들어 내야만 생산이 돼.

그러니까 뇌하수체는 각종 호르몬이 나오게 만드는 우두머리 호르몬 제작 기관인데, 우리가 웃으면 여기가 자극이 된다는 거야. 뇌 과학자들은 우리가 경험하는 감정들도 뇌 속 호르몬에 의해 경험하는 것이라고도 해. 즉 어떤 호르몬이 나오면 기분이 좋아지고, 어떤 호르몬이 나오면 짜증이 나고 어떤 호르몬이 나오면 슬프고 무기력해진다고 하지.

이런 게 다 막연하게 느껴진다면 이것만 기억해.
기분 좋게 웃으면 몸 전체에 기분 좋아지게 만드는
호르몬이 막 쏟아져 나온다는 거!
기분이 좋아야 웃기도 하겠지만,
반대로 웃으면 기분이 좋아지기도 한다는 거지.

스트레스를 심하게 받으면 웃기 힘들어. 그럼 이 방법은 어때?

● **함께 있으면 행복해지는 사람, 유머 감각이 뛰어난 사람과 함께 어울려.**
　긍정적이고 유쾌한 사람 곁에 있으면 기분이 좋아져. 이런 사람과 가까이 지내 봐.

● **재밌는 텔레비전 예능 프로그램이나 영화를 봐.**
　코미디와 슬픈 영화를 선택해야 할 경우, 보고 나면 유쾌해지는 걸 고르는 게 좋아.

● **재밌는 웹툰이나 사이트를 즐겨찾기 해.**
　재밌는 웹툰이나 사이트를 친구들에게 알려 줘. 그 친구들이랑 웹툰 이야기하는 재미도 쏠쏠할걸?

● **재밌는 농담을 배워서 사람들한테 들려줘.**
　썰렁한 농담으로 사람들을 얼어붙게 해도 괜찮아. 이런 시도가 주변 사람들과 너를 웃게 하니까.

　긍정적인 사고는 의욕적으로 살아 갈 수 있게 도와주고, 자존감도 키워 줘. 삶이 스트레스로 가득찼을 때 균형 감각을 유지하며 세상을 바라볼 수 있게도 해 주지. 긍정적으로 사는 법을 배우면 바쁜 일상 속에서도 기분 좋게 지낼 수 있을 거야.

영화 〈포레스트 검프〉

"인생은 초콜릿 상자와 같아. 다음에 뭐가 잡힐지 아무도 모르거든."
이 말은 주인공 포레스트 검프가 엄마에게 들은 말이야. 이 말은 아
이큐 75에 등이 굽은 포레스트 검프를 지탱해 주는 좌우명이 돼. 생
사를 넘나드는 월남전에 참전했을 때도, 새우잡이 배에 탔을 때도,
사랑하는 여자가 다른 사람과 결혼했을 때도 포레스트 검프는 좌절
하거나 자기 인생을 비하하지 않아. 자기에게 일어난 모든 일은 단지
모양이 다른 초콜릿과 같은 것이니까. 포레스트는 그저 우직하게 그
상황에서 자기가 할 수 있는 것을 열심히 하며 살아 가.

행복했던 일, 누군가와 함께 따뜻함을 나눴던 일, 평온함을 느꼈던
순간 등 삶에서 숨은 그림들을 찾아 나가 봐. 인생이 초콜릿 상자처
럼 달콤하게 다가올 거야.

책 『내 영혼이 따뜻했던 날들』

포리스트 카터 지음 | 조경숙 옮김

이 책은 저자의 자전적인 소설로, 주인공인 '작은나무'가 홀어머니가
돌아가시고 조부모와 함께 살게 되는 것으로 시작해. 체로키 인디언
인 할아버지, 할머니와 함께 산속 오두막에 살면서 '작은나무'는 자
연의 이치로 세상을 보고 판단하는 지혜를 배워 가지.

'작은나무'는 감사를 바라지 않고 사랑과 선물을 주는 법, 다른 사람
을 진실로 이해하는 방법 등 체로키 인디언의 생활철학을 익혀 나가.
또 백인 문명에 짓밟히면서도 영혼의 풍요로움을 최고의 가치로 여
기던 인디언들이 어떻게 자신들의 영혼을 지켜 갔는지도 배워. 진짜
긍정은 할 수 있다고 자신에게 주문을 거는 게 아니라 자신을 사랑하
고 다른 사람을 배려하는 것에서부터 시작한다는 사실을 분명하게
보여 주는 소설이야.

감사한 것들을 떠올리고 적어 봐.
깜깜한 밤에 편안하게 잠잘 수 있는 곳, 우리 집 고양이,
단짝 친구들, 건강한 내 몸, 매끼 든든한 음식….
잊고 살았던 고마운 존재들이 떠오를 거야.
힘이 들 때면 이것들을 기억해!

3부

스트레스 호랑이에 물렸을 때 응급조치

힘든 일이 생기면 많은 사람들이 압박감, 두려움, 상실감, 좌절감을 느껴. 이럴 때는 혼자 견디지 말길. 도움이 필요하다는 사실을 인정하고 도움을 청해. 넌 혼자가 아니야.

언제 도움을 청해야 할까?

스트레스가 한계까지 찼다는 사실을 깨닫는 게 중요해. 그래야 언제 도움의 손길을 내밀어야 할지 알 수 있거든. 여기 몇 가지 징후가 있어.

● **자주 화가 나.**
자주 화가 나면 겹겹이 쌓인 긴장이 네 기분에 영향을 미쳤을 수 있어. 선생님, 학교 친구들, 가족들과 갈등이 심할 수도 있지.

● **수면 습관이 바뀌었어.**
부담감이 크면 푹 자기가 어려워. 아니면 계속 자고 싶을 수도 있고. 수면에 문제가 생긴다면 몸이 우리한테 경고를 보내는 거야.

● **식습관이 바뀌었어.**
스트레스는 식욕에도 영향을 미쳐. 어떤 사람은 불안하면 식욕이 뚝 떨어져. 어떤 사람은 닥치는 대로 먹어 치우기도 하고. 포만감이 일시적으로 스트레스를 막아 주기도 하거든.

- ### 머리가 지끈거리고 몸이 쑤셔.
  지속적인 스트레스는 면역력을 약화시키고 건강에 문제를 일으킬 수 있어. 스트레스와 관련한 대표적인 증상으로는 두통, 복통, 근육통, 감기 몸살 같은 것들이 있어.

- ### 현실도피를 해.
  텔레비전 시청, 운동, 게임, 인터넷 서핑을 지나치게 많이 하면, 스트레스를 회피하기 시작했다는 신호야. 이런 활동을 몇 시간이고 계속하면, 할 일을 못 하게 되고 결국 더한 스트레스에 시달리게 되지.

- ### 혼자 있고 싶어.
  항상 혼자 있고 싶다면 뭔가 잘못되었다는 심각한 표시야.

- ### 신경이 예민하고 걱정이 앞서.
  스트레스는 우리를 점점 낭떠러지로 내몰아. 언제든 나쁜 일이 일어날 수 있다는 생각이 들게 하지. 이런 감정은 우리를 지치게 하고 에너지를 소모시켜. 때로 일상생활이 불가능할 지경에 이르기도 해.

- ### 별다른 이유도 없이 울어.
  마음이 상해 우는 건 슬픈 감정을 표출하는 정상적이고 긍정적인 방식이야. 하지만 늘 슬프고 무기력하고 자주 운다면 도움을 청하는 게 좋아.

- ### 술 마시고 담배 피우고 싶어.
  술 마시고 담배 피우고 환각제를 찾는 것은 도움이 필요하다는 확실한 표시야. 이런 행동은 몸을 해치고 결국 기분을 더 나쁘게 만들지.

● 이제 다 포기하고 싶어.

과도한 스트레스를 받은 사람들에게, 세상은 너무 빨리 돌아가는 것처럼 보여. 결국 도저히 견딜 수 없다고 느끼게 되지. 이런 끔찍한 감정은 또다시 스트레스를 불러와.

● 자해하고 싶어.

눈앞에 닥친 상황들이 버겁기만 할 때, 우리는 자해 같은 무모한 짓을 생각하기도 해. 삶이 무의미하다고 느끼거나 자해 충동을 느낀다면, 지금 당장 상담을 받도록 해.

자포자기적인 생각과 자기 파괴적인 행동이 나타나면 믿을 만한 사람에게 도움과 격려를 반드시 받아야 해.

사람들에게 네 상황을 알려서 객관적으로 자신을 보고 스트레스 상황에서 빠져나올 수 있는 답을 찾아내는 게 중요해.

응급조치가 필요한 친구들의 모습이야

집중이 안 돼.
복잡한 일들 투성이야.

실패할까 봐 두려워.
잘해낼 자신이 없어.

너무 피곤해.
집, 학교, 학원 뭐든 다
놓아 버리고 싶어.

이 모든 건에서
도망치는 건 말고는
할 수 있는 게 없어.

내 인생만
안 풀리는 건 같아.
다른 사람들은
다 잘 사는데.

내가 하는 모든 게
마음에 안 들어.

왜 사는지 모르겠어.
사는 게 재미가 없어.

스트레스 응급조치 119

1 도움이 필요하다는 걸 인정해.

너 혼자서 문제를 풀 수 있다고 생각하는 건 능력이 있는 게 아니고 현실을 부정하는 거야. 정말로 스트레스에서 빠져나오고 싶다면, 자신에게 도움이 필요하다는 사실을 인정해. 그러면 진짜 용기와 힘을 갖게 될 거야.

2 네가 믿고 의지하는 사람들에게 도움을 청해.

힘겨운 도전에 맞서 고군분투할 때, 그 사실을 알려서 다른 사람을 불편하게 하는 건 아닐까 하는 생각이 들기도 해. 하지만 이런 생각은 널 외톨이로 만들지도 몰라. 도움이 필요한 순간에는 주저하지 마. 가족, 친구들, 선생님이 기꺼이 널 도와주려 할 거야.

3 문제를 회피하지 마.

문제에서 달아나면 일단 불편한 감정은 피할 수 있어. 하지만 그건 일을 더 꼬이게 만들 뿐만 아니라 스트레스의 근본 원인을 해결해 주지도 못해. 피하지 말고 믿을 만한 사람에게 도움을 구해. 실수를 저질렀다고 해서 실패한 건 아니야. 실수를 통해 배우면 되니까.

4 문제를 해결할 계획을 세워.

자기 인생에서 무슨 일이 일어나고 있는지 분명하게 알아야 해. 알려고 하지 않고 무기력하게 있으면 스스로를 통제할 수 없게 되거든. 가만히 있으면 겁나고 혼란스럽고 슬프고 아무것도 하고 싶지 않을 거야. 이렇게 될 때까지 자신을 내버려 두지 마. 위기라고 생각되는 순간, 사람들에게 도와달라고 손을 내밀어. 자신에 대한 아무런 계획이 없다면 원하지 않는 모습으로 살게 돼.

5 자신에게 친절하게 대해.

한계에 부딪힌다는 건 크게 다친 것과 같아. 이런 상황에서 널 돌보는 건 스스로에 대한 친절하고 애정 어린 보살핌이야. 다음은 자신에게 친절해지는 방법들이야.

- 자신에 대한 기대치를 낮춰.
  끝내야 하는 일에 집중하고 자신이 한 일을 평가할 때 관대해져.

- 좋아하는 사람과 함께할 수 있는 시간을 만들어 봐.
  누가 너를 웃게 하니? 함께 있을 때 즐거운 사람은 누구야? 좋아하는 사람과 함께 있으면 활기가 생겨.

● 충분히 먹고 운동하고 휴식을 취해.
이렇게 하면 힘든 고비를 넘길 수 있는 힘을 얻을 수 있을 거야.

● 긍정적으로 생각해.
"나는 괜찮은 사람이야. 나는 재능 있고 창조적이야. 나는 존중받을 만해."
부정적인 생각이 들 때마다 자신을 긍정하는 생각들로 얼른 바꿔. 치유의 시작은
스스로를 믿고 사랑하는 거야. 긍정적인 생각은 자존감을 높이고 스트레스를 줄이
는 데 큰 도움이 돼.

6 삶은 좋은 것이라 믿어.

부정적인 시각으로 자신에 대한 문제점을 찾으려 하면 세상은 어두워
지고 문제는 커질 거야. 절망감과 자기 연민에 빠져 비참하게 살게 될지도
모르지.

삶을 좋은 것이라 생각하고 사랑하는 만큼 세상도 널 사랑할 거야. 앞
날에 대한 선택은 너에게 달렸어. 감사한 일을 떠올리며 적어 봐. 그러면
삶은 점차 좋아질 거야.

마음속 호랑이를 잘 길들이길.
그래서 인생이라는 정글이 좀 더 편안한 곳이 되기를 바랄게.

용기를 갖고 스스로를 제대로 대접해 주고
자신이 정말로 원하는 것을 쫓아갔으면 좋겠어.
누구나 행복할 자격이 충분히 있으니까.

꼭 기억해. 너에게는 무한한 가능성이 있고 네 곁엔 좋은 사람이 많다
는 걸. 너에게 힘이 되는 사람들과 행복한 인생을 꾸려 나가 봐.

스트레스 셀프 테스트

각 문항을 자세히 읽어 보고 자신의 상태를 가장 잘 나타내는 문항에 표시해 봐.

질문	전혀 그렇지 않다	약간 그렇다	대체로 그렇다	매우 그렇다
쉽게 짜증이 나고 기분의 변화가 심하다.	1	2	3	4
피부가 거칠고 피부 질환이 심해졌다.	1	2	3	4
온몸의 근육이 긴장되고 여기저기 쑤신다.	1	2	3	4
잠을 잘 못 들거나 깊은 잠을 못 자고 자주 깬다.	1	2	3	4
매사에 자신감이 없고 자기비하를 많이 한다.	1	2	3	4
별다른 이유 없이 불안하고 초조하다.	1	2	3	4
쉽게 피로감을 느낀다.	1	2	3	4
매사에 집중이 잘 안 되고 일(학습)의 능률이 떨어진다.	1	2	3	4
식욕이 없어 잘 안 먹거나 갑자기 폭식을 한다.	1	2	3	4
기억력이 안 좋아져서 잘 잊어버린다.	1	2	3	4
총점				

총점　10∼15점　스트레스가 거의 없는 상태야.

16∼20점　스트레스를 약간 받고 있어.

21∼25점　비교적 스트레스가 심한 편이야. 건강검진을 해 보고 이 책에 나와 있는 스트레스 처방전을 적극적으로 활용해 봐.

31점 이상　스트레스를 매우 심하게 받고 있어. 그렇다고 너무 걱정하지는 마. 빠른 시일 내에 전문가에게 상담을 받아 보면 방법을 찾을 수 있어.

출처 : 강남구정신보건센터 홈페이지